Magnet neu B1

Deutsch für junge Lernende

Testheft mit Audio-CD

Giorgio Motta
bearbeitet von Ondřej Kotas

Ernst Klett Sprachen
Stuttgart

1. Auflage   1 7 6 5 | 2024 23 22

Alle Drucke dieser Auflage sind unverändert und können im Unterricht nebeneinander verwendet werden. Die letzte Zahl bezeichnet das Jahr des Druckes. Das Werk und seine Teile sind urheberrechtlich geschützt. Jede Nutzung in anderen als den gesetzlich zugelassenen Fällen bedarf der vorherigen schriftlichen Einwilligung des Verlags.

Giorgio Motta
Magnet
Grundkurs für junge Lerner
© Loescher Editore S.r.l., Torino, Italy, 2010.
All rights reserved.

Giorgio Motta
bearbeitet von Ondřej Kotas
Magnet neu
Deutsch für junge Lernende
internationale Ausgabe
© Ernst Klett Sprachen GmbH, Stuttgart 2016.
Alle Rechte vorbehalten.
Internetadresse: www.klett-sprachen.de

Redaktion Victoria Simons, Nicole Funke, Elena Rivetti
Layoutkonzeption Alexandra Veigel
Herstellung Alexandra Veigel
Gestaltung und Satz Regina Krawatzki, Stuttgart
Illustrationen Monica Fucini, Turin
Umschlaggestaltung Daniel Utz, Stuttgart; Anna Wanner
Reproduktion Meyle & Müller, Medien-Management, Pforzheim
Druck und Bindung Elanders GmbH, Waiblingen

ISBN 978-3-12-676092-8

Inhalt

Tests (Wortschatz, Grammatik, Kommunikation)	4
Lektion 21	6
Lektion 22	8
Lektion 23	10
Lektion 24	12
Lektion 25	14
Lektion 26	16
Lektion 27	18
Lektion 28	20

Tests (Lesen, Hören, Schreiben, Sprechen)	22
Lektionen 21–22	24
Lektionen 23–24	28
Lektionen 25–26	32
Lektionen 27–28	36

Goethe-/ÖSD-Zertifikat B1 – Modelltest	40
Lesen	42
Hören	52
Schreiben	56
Sprechen	57

Lösungen	60
Transkription der Hörtexte	64

Tests

Wortschatz
Grammatik
Kommunikation

Teil 1

Teil 1 des Testhefts wiederholt und trainiert wichtige Wörter und Strukturen und unterstützt beim Ausbau der Kommunikationsfähigkeit.

Er enthält zu jeder Lektion von Kurs- und Arbeitsbuch *Magnet neu B1* auf jeweils zwei Seiten einen Test mit verschiedenen Übungen zu Wortschatz, Grammatik und Kommunikation.

Die Tests orientieren sich am Thema und am Lernstoff der jeweiligen Lektion.

Sie können im Unterricht zur Lernfortschrittskontrolle eingesetzt werden und bieten Lehrkräften, die mit *Magnet neu B1* arbeiten, die Möglichkeit, die Leistungen der Lernenden schnell und unkompliziert zu beurteilen.

Die Lernenden können die Tests aber auch selbstständig nutzen, um das im Unterricht Gelernte zu überprüfen.

In jedem Test können insgesamt 30 Punkte erreicht werden, die Lösungen zu den Übungen befinden sich am Ende des Heftes (ab S. 60).

Test
Lektion 21

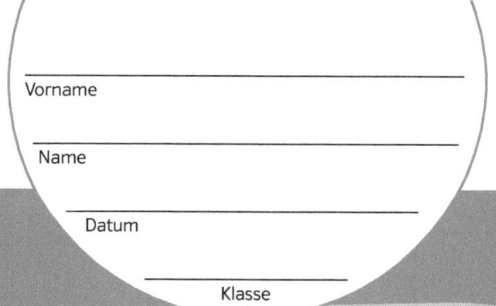

Vorname

Name

Datum

Klasse

Wortschatz

1 Was passt zusammen? Ordne zu. |5

1. Der iPod ist
2. Das Navigationssystem führt Nutzer
3. Ein Laptop ist sehr praktisch, denn
4. Wenn man vor einem Plasmafernseher sitzt,
5. Mit dem Smartphone kann man

a hat man den Eindruck, wie in einem Kino zu sitzen.
b telefonieren, E-Mails schicken und im Internet surfen.
c zu einem bestimmten Ziel.
d man kann damit überall ins Netz gehen und arbeiten.
e ein tragbares, digitales Abspielgerät.

Grammatik

2 *Um ... zu* oder *damit*? Verbinde die Sätze. |5

1. Ich lese jeden Tag Zeitung. Ich will informiert sein.
   _____
2. Ich brauche einen Job. Meine Eltern sollen mein Studium nicht finanzieren.
   _____
3. Meine Eltern kaufen mir ein Handy. Ich soll immer erreichbar sein.
   _____
4. Herr Kunz spielt jede Woche Lotto. Er will Millionär werden.
   _____
5. Ich gebe dir meinen iPod. Du sollst dich nicht langweilen.
   _____

3 Ergänze die Genitivendungen. |8

1. Das Leben ein_____ Manager_____ ist nicht immer leicht.
2. Wie heißt die Direktorin d_____ Betrieb_____?
3. Der Lehrer hat die Klassenarbeiten d_____ Klasse 7B zurückgegeben.
4. Die Arbeit ein_____ Polizist_____ ist interessant, aber auch sehr gefährlich.
5. Der Alltag ein_____ Student_____ ist manchmal langweilig.

6 sechs   © Ernst Klett Sprachen GmbH, Stuttgart 2016

6. Der Mathelehrer mein_____ Schwester ist sehr streng.

7. Während d_____ Reise nach Italien ist mein Vater krank geworden.

8. Trotz d_____ Navigationssystem_____ haben wir uns verfahren.

9. Ich finde den Artikel dies_____ Journalist_____ sehr interessant.

10. Der neue Direktor d_____ Firma heißt Beckmann.

4 Welche Präposition fehlt? Ergänze.

1. _____ des schlechten Wetters gehen wir spazieren.

2. _____ des Unterrichts haben wir immer viel Spaß.

3. _____ der Baustelle fährt der Bus heute eine andere Straße entlang.

4. _____ meiner Eltern, die die Reise bezahlen, kann ich nach Deutschland fahren.

Kommunikation

5 Ergänze den Dialog.

● Seit wann bist du eigentlich bei Facebook angemeldet?

○ _____

● Und warum bist du da angemeldet?

○ _____

● Wie viele Freunde von dir sind auch bei Facebook?

○ _____

● Kannst du dir vorstellen, einen von deinen Facebook-Freunden zu treffen?

○ _____

6 Ergänze.

1. Ich lese gerne Zeitung, weil _____
   _____.

2. Mein Bruder sucht im Internet, wenn _____
   _____.

3. Meine Mutter liest manchmal eine Boulevardzeitung, wenn
   _____.

4. Mein Vater liest nie Zeitung, weil _____
   _____.

Wortschatz | 5
Grammatik | 17
Kommunikation | 8
Insgesamt | 30

Test

Lektion 22

Vorname
Name
Datum
Klasse

Wortschatz

1 Aufgaben eines Au-pairs. Finde 5 Aufgaben und notiere sie. | 5

NGHSTAUBSAUGENMITTKOCHENARBKINDERABHOLENWEILAUFRÄUMENJGMITKINDERNSPIELEN

_____
_____

Grammatik

2 Bilde indirekte Fragesätze. | 5

Frau Horst

Wie lange möchtest du in Deutschland bleiben?
Hast du schon als Babysitter gearbeitet?
Hast du Lust, ein ganzes Jahr bei uns zu wohnen?
Wie stellst du dir das Leben hier in Deutschland vor?
Möchtest du einen Deutschkurs besuchen?

Frau Horst fragt Maria, _____
_____
_____

Frau Horst möchte wissen, _____
_____
_____

3 Vervollständige frei und benutze dabei Relativpronomen. | 5

1. Ich habe eine Mathelehrerin, _____
2. Mein Traumhaus soll ein Haus sein, _____
3. Familie Horst braucht ein Au-pair, _____
4. Der Austausch, _____, war eine tolle Erfahrung.
5. Ich treffe mich morgen mit den Jugendlichen, _____

4 **Verbinde die Sätze mit *obwohl*.** | 5

1. Das Wetter war schlecht. Der Urlaub in Tirol war lustig.
   _____

2. Meine Wohnung ist klein. Ich lade viele Leute ein.
   _____

3. Tina war einen Monat in London. Ihr Englisch ist nicht besser geworden.
   _____

4. Lea ist sitzen geblieben. Sie hat eine schöne Reise gemacht.
   _____

5. Ich kann kein Französisch. Ich möchte nach Paris fahren.
   _____

Kommunikation

5 **Ihr organisiert einen Schüleraustausch. Beantworte die Fragen.** | 4

1. Wann soll die Partnerklasse zu euch kommen?
   _____

2. Wie lange sollen die Schüler bleiben?
   _____

3. Wo sollen die Austauschschüler wohnen?
   _____

4. Welche Ausflüge möchtet ihr mit den Gästen machen?
   _____

6 **Rekonstruiere den Dialog. Nummeriere.** | 6

__ Wir waren am Züricher See in der Schweiz.

__ Dass sich alle so gut verstanden haben, dass wir viel in der Natur unternommen haben und dass ich 2 Wochen ohne meine Eltern war.

__ Du warst ja im Sommercamp. Wie hat es dir denn gefallen?

__ Wo war das Sommercamp?

__ In der Schweiz war ich auch schon mal. Und was hat dir am besten im Sommercamp gefallen?

__ Mir hat es super im Sommercamp gefallen.

Wortschatz	5
Grammatik	15
Kommunikation	10
Insgesamt	**30**

Test

Lektion 23

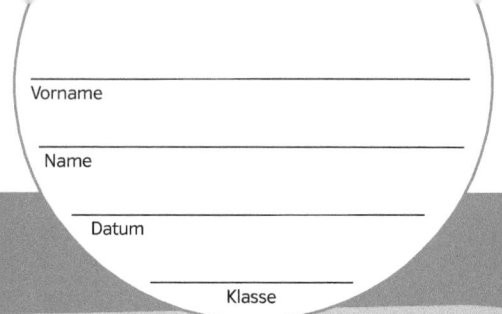

Vorname

Name

Datum

Klasse

Wortschatz

1 Was passt zusammen? Ordne zu. | 5

1. Klavier spielen   a erhalten
2. nach Rom   b komponieren
3. Musikunterricht   c reisen
4. eine Sinfonie   d geben
5. ein Konzert   e lernen

2 Österreichs Städte. Ergänze. | 6

[Sehenswürdigkeiten • Dach • Komponist • Festspiele • Hauptstadt • Alpen]

1. Wien ist die _____ Österreichs.

2. Die bekanntesten _____ Wiens sind der Stephansdom, Schloss Schönbrunn und der Prater.

3. Salzburg wird auch Mozartstadt genannt, weil hier der bekannte _____ geboren wurde.

4. Salzburg ist auch für seine _____ bekannt.

5. Innsbruck liegt mitten in den _____.

6. Besonders sehenswert ist in Innsbruck die Residenz mit dem goldenen _____.

Grammatik

3 Wie lautet das Präteritum? Ergänze. | 5

1. ich sage   _____
2. wir bleiben   _____
3. er wohnt   _____
4. er kommt   _____
5. sie fahren   _____

6. ihr nehmt   _____
7. ich gebe   _____
8. du musst   _____
9. wir schreiben   _____
10. sie heiratet   _____

10 zehn

© Ernst Klett Sprachen GmbH, Stuttgart 2016

4 **Ergänze die passenden Verben im Präteritum.** | 5

[sitzen • sein • gehen • beginnen • geben • helfen • müssen • besuchen • bleiben • wohnen]

Als Frau Stadler klein (1) _____, (2) _____ es kein Fernsehen. Am Abend

(3) _____ die ganze Familie in der Küche. Um 21 Uhr (4) _____ Frau Stadler

schlafen, denn sie (5) _____ früh aufstehen. Die Schule (6) _____ um 7.45 Uhr und

Frau Stadler (7) _____ weit weg.

Sie (8) _____ dann bis 14 Uhr in der Schule. Nach der Schule (9) _____ sie oft ihre

Oma in der Stadt. Manchmal (10) _____ sie ihr im Haushalt.

5 **Verbinde die Sätze mit *nachdem* oder *bevor*.** | 4

1. Ich machte das Abitur. Dann schenkte mir mein Vater eine Reise nach Ägypten.
   _____

2. Ich begann, Germanistik zu studieren. Vorher besuchte ich einen Deutschkurs.
   _____

3. Ich durfte fernsehen und Musik hören. Vorher musste ich für die Schule lernen.
   _____

4. Franz Sacher war einige Jahre in Budapest. Dann kehrte er nach Wien zurück.
   _____

Kommunikation

6 **Schreibe eine Geschichte im Präteritum. Die Wörter helfen dir.** | 5

[das Schloss • leben • das Wunderkind • der Prinz • die Kindheit • einladen • bleiben • sich verlieben (in + Akk.) • suchen (+ Akk.)]

Die junge Musikerin

_____
_____
_____
_____
_____
_____

Wortschatz | 11

Grammatik | 14

Kommunikation | 5

Insgesamt | 30

Test
Lektion 24

Wortschatz

1 Wie wird es bei dir im Jahr 2030 sein? Schreibe zu jedem Bild einen Satz. | 5

1. _____ 2. _____ 3. _____ 4. _____ 5. _____

2 Umweltschutz. Ordne die Buchstaben und ergänze. | 5

1. RSMOT   Mit Sonne und Wind wird sauberer _____ erzeugt.
2. RIPAPE   _____ wird recycelt.
3. KFANEPLTSILASCH Getränke kauft man nicht in _____.
4. GMLLNUTRÜNEN   Durch _____ kann jede Menge Müll vermieden werden.
5. SERAWS   Mit _____ sollte man sparsam umgehen.

Grammatik

3 Forme die Sätze ins Passiv um. | 5

1. Der Journalist schreibt einen Artikel über den Klimawandel.
   _____

2. Die Lehrerin fragt den Schüler ab.
   _____

3. Die Ingenieure bauen ein neues Auto.
   _____

4. Die Solaranlagen erzeugen viel Energie.
   _____

5. Der Programmierer installiert das neue Programm.
   _____

4 Beantworte die Fragen. | 5

1. Werden die Menschen in Zukunft glücklicher sein?

   Ja. Ich glaube, dass _____

2. Wird es auch in Zukunft mehr Kriege geben?

   Nein. Ich glaube nicht, dass _____

3. Wird es in Zukunft weniger Autos geben?

   Nein. Ich glaube nicht, dass _____

4. Werden wir in Zukunft mehr Freizeit haben?

   Ja. Ich glaube, dass _____

5. Werden unsere Kinder im Jahr 2030 in einer friedlichen Welt leben?

   Ja. Ich glaube, dass _____

Kommunikation

5 Beantworte die Fragen. | 4

1. Wie kannst du Strom sparen?

   _____

2. Warum sollte man öffentliche Verkehrsmittel benutzen?

   _____

3. Wie kann man Müll vermeiden?

   _____

4. Wie kannst du Wasser sparen?

   _____

6 Rekonstruiere den Dialog. Nummeriere. | 6

___ Wir organisieren zum Beispiel Infostände an Schulen zum Thema Mülltrennung.

___ Wir treffen uns einmal in der Woche und besprechen unsere Aktivitäten.

___ Wie oft trefft ihr euch?

___ Wir engagieren uns für den Umweltschutz und informieren Jugendliche zu diesem Thema.

___ Jan, du bist doch in einer Umweltschutzgruppe aktiv. Was macht ihr da so?

___ Und was für Aktivitäten sind das?

Wortschatz	10
Grammatik	10
Kommunikation	10
Insgesamt	**30**

Test
Lektion 25

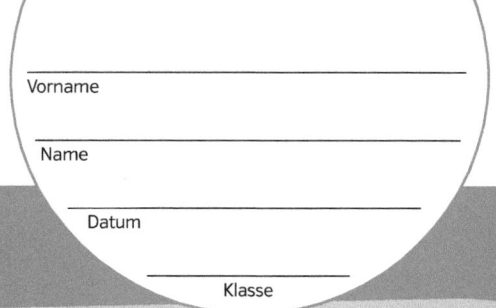
Vorname
Name
Datum
Klasse

Wortschatz

1 Gegenteile. Ordne zu. | 5

1. konservativ
2. ordentlich
3. kreativ
4. oberflächlich
5. dynamisch

a fantasielos
b faul
c gründlich
d alternativ
e unordentlich

2 Wo kauft man was? Ordne zu. | 3

[die Bluse • das Sweatshirt • der Anzug • die Krawatte • das Abendkleid • die Turnschuhe • der Jogginganzug • der Rock • das Hemd]

Damenbekleidung	Herrenbekleidung	Sportbekleidung
___	___	___
___	___	___
___	___	___

Grammatik

3 Ergänze die Endungen wo nötig. | 8

1. Unsere Mathelehrerin ist ein_____ autoritär_____ Typ.
2. Ich mag d_____ arrogant_____ Charakter deines Freundes nicht.
3. Mein Vater arbeitet in ein_____ international_____ Konzern.
4. Ich treffe mich heute mit d_____ hübsch_____ Mädchen aus der anderen Klasse.
5. Das ist der Brief ein_____ sensibl_____ Menschen.
6. Der Rock passt gut zu d_____ elegant_____ Top.
7. Heute Abend essen wir in d_____ neu_____ Pizzeria.
8. Wie soll dein_____ ideal_____ Partner aussehen?

14 vierzehn

© Ernst Klett Sprachen GmbH, Stuttgart 2016

4 *Was für ein...? Welch...?* Schreibe Fragen. | 5

1. _____? Er hat einen starken Charakter.
2. _____? Das Mädchen aus der anderen Klasse mag ich.
3. _____? Einen Freund mit viel Humor suche ich.
4. _____? Der schüchterne Junge da ist mein Bruder.
5. _____? Meine Eltern sind sehr autoritäre Typen.

5 **Welches Adjektiv passt? Ergänze in der richtigen Form.** | 2

[oberflächlich • alternativ • billig • international]

1. Till lebt in einem Bauwagen. Er ist ein _____ Typ.
2. Sebastian arbeitet in einer Bank. Später möchte er in einem _____ Konzern arbeiten.
3. Sören und Ramona finden die _____ Klamotten am besten.
4. Jessica hält sich nicht für ein _____ Mädchen.

Kommunikation

6 **Beantworte die Fragen.** | 4

1. Wo triffst du deine Freunde? _____
2. Wie wohnst du? _____
3. Wie fährst du zur Schule? _____
4. Mit wem gehst du ins Kino? _____

7 **Was für ein Typ bist du? Schreibe 3 Sätze.** | 3

Wortschatz | 8
Grammatik | 15
Kommunikation | 7
Insgesamt | 30

Test
Lektion 26

Wortschatz

1 Was passt? Kreuze an. | 3

1. Liebeskummer ☐ haben ☐ sein
2. Ratschläge ☐ machen ☐ bekommen
3. Träume ☐ platzen ☐ können
4. Händchen ☐ geben ☐ halten
5. Wünsche ☐ in Erfüllung gehen ☐ sagen
6. Schluss ☐ haben ☐ machen

Grammatik

2 Forme die Sätze um und verwende dabei den Konjunktiv II. | 5

Beispiel: Ich habe keine Zeit. Ich lese kein Buch.

Wenn ich Zeit hätte, würde ich ein Buch lesen.

1. Das Wetter ist schlecht. Ich komme nicht zu dir.

   Wenn _____, _____.

2. Ich kann nicht. Ich helfe dir nicht.

   Wenn _____, _____.

3. Ich darf nicht mitfahren. Ich bin traurig.

   Wenn _____, _____.

4. Ich habe viel zu tun. Ich rufe dich nicht an.

   Wenn _____, _____.

5. Ich mache keine Hausaufgaben. Ich bekomme schlechte Noten.

   Wenn _____, _____.

3 Schreibe Sätze wie im Beispiel. | 5

Beispiel: Zeit haben / ich / zu dir / kommen

Wenn ich Zeit gehabt hätte, wäre ich zu dir gekommen.

1. es regnet nicht / Tobias / mit dem Fahrrad / fahren

   _____.

2. die Karten / nicht teuer sein / wir / zum Konzert / gehen

   _____.

3. das Auto / nicht kaputt sein / meine Eltern / uns / abholen

   _____.

4. Ferien haben / ich / dich / in Wien / besuchen

   _____.

5. Hausaufgaben machen / du / gut in der Schule / sein

   _____.

④ Schreibe Fragen. | 7

1. _____? Ich träume von einem Urlaub in Italien.
2. _____? Maria wartet auf ihren Freund.
3. _____? Oma denkt oft an ihre Enkel.
4. _____? Ich denke über gar nichts nach.
5. _____? Meine Mutter hat Angst vor Hunden.
6. _____? Jannis träumt von einem Mädchen aus der Schule.
7. _____? Ich freue mich auf die Ferien.

Kommunikation

⑤ Timo ist in Lara verliebt. Gib ihm 5 Tipps, wie er sie erobern kann. | 5

_____

_____

⑥ Beantworte die Fragen. | 5

1. Worüber habt ihr gestern Abend zu Hause gesprochen?
   _____

2. An wen denkst du?
   _____

3. Über wen ärgerst du dich am meisten?
   _____

4. Worauf freust du dich?
   _____

5. Wovor hast du Angst?
   _____

Wortschatz | 3

Grammatik | 17

Kommunikation | 10

Insgesamt | **30**

Test

Lektion 27

Vorname
Name
Datum
Klasse

Wortschatz

1 Worüber kann man sich mit den Eltern streiten? Finde 8 Wörter und notiere sie mit Artikel.

H	A	U	S	A	U	F	G	A	B	E	N
W	T	A	S	C	H	E	N	G	E	L	D
F	G	U	F	I	L	M	E	S	T	S	O
F	U	K	L	I	E	U	C	H	T	C	Ü
I	M	M	K	U	S	S	T	U	D	H	G
L	E	I	A	B	H	I	P	N	S	U	Z
M	A	R	I	S	U	K	L	O	B	L	B
E	F	R	E	U	N	D	E	T	D	E	Ä
K	A	U	F	R	Ä	U	M	E	N	S	V
K	L	A	M	O	T	T	E	N	P	U	Q

| 8

_____
_____
_____
_____
_____
_____
_____
_____

2 Präpositionen. Was passt? Ordne zu.

| 3

1. sprechen   a über
2. sich interessieren   b mit
3. sich streiten   c über
4. sich ärgern   d zu
5. Vertrauen haben   e an
6. denken   f für

Grammatik

3 Beantworte die Fragen wie im Beispiel.

| 4

Beispiel: Reparierst du dein Fahrrad selbst?

Nein, ich lasse mein Fahrrad reparieren.

1. Fährt Nina selbst in die Schule?

   Nein, _____

18 achtzehn

2. Erlauben dir deine Eltern, dass du bis 22 Uhr aufbleibst?

   Ja, _____

3. Darfst du mit dem neuen Auto deines Vaters fahren?

   Nein, _____

4. Hilfst du deiner Schwester beim Tisch abräumen?

   Nein, _____

④ Ergänze die Sätze mit Verben und Endungen. | 5

1. Das Bett _____ an d_____ Wand.

2. Der Direktor _____ in sein_____ Büro und telefoniert.

3. Der Kellner _____ das Essen auf d_____ Tisch.

4. An dies_____ Wand _____ ein Bild von Picasso.

5. Der Opa ist müde und _____ sich auf d_____ Sofa.

⑤ Wie lautet das Partizip? Vervollständige die Sätze. | 5

1. Wohin hast du den kleinen Schrank _____?

2. Ich habe mich auf das Sofa _____.

3. Die Katze hat vor der Tür _____.

4. Er hat die Flasche auf den Tisch _____.

5. Das Plakat hat bis heute hier _____.

Kommunikation

⑥ Beantworte die Fragen. | 5

1. Worüber sprichst du mit deinen Eltern?

   _____

2. Worüber streitest du mit deinen Eltern?

   _____

3. Mit wem kommst du am besten aus?

   _____

4. Worüber ärgern sich deine Eltern bei dir?

   _____

5. Worüber ärgerst du dich bei deinen Eltern?

   _____

Wortschatz | 11
Grammatik | 14
Kommunikation | 5
Insgesamt | 30

Test
Lektion 28

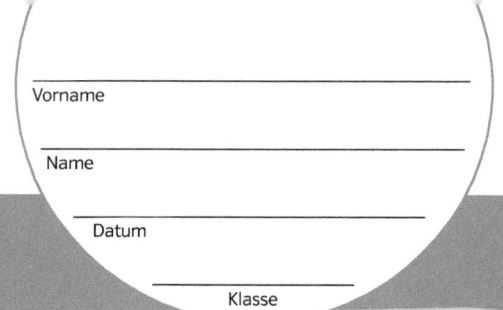

Wortschatz

1 Die Schweiz. Notiere 6 Wörter. | 3

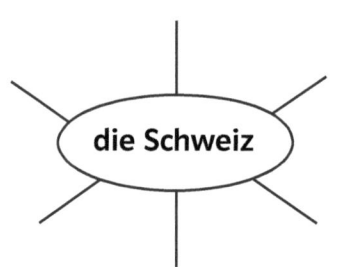

Grammatik

2 Schreibe Antworten. Benutze die Verben. | 5

[abfragen • operieren • fragen • einladen • abholen]

Beispiel: Warum hast du das nicht gemacht?   *Ich bin nicht informiert worden.*

1. Warum bist du nicht zur Party gekommen?   _____
2. Warum bist du immer noch hier?   _____
3. Warum hast du so fleißig gelernt?   _____
4. Warum bist du hier im Krankenhaus?   _____
5. Warum antwortest du nicht?   _____

3 Schreibe den Text im Passiv. | 5

Die Schüler und Schülerinnen haben eine Klassenfahrt nach München organisiert. Der Lehrer, Herr Wickert, hat das Programm zusammengestellt. Man hat das Geld für die Bahnfahrt eingesammelt und der Klassensprecher hat dann die Fahrkarten gekauft. Zwei Schülerinnen haben die Zimmer in einer Jugendherberge reserviert. Das Lehrerkollegium hat gestern die Klassenfahrt genehmigt.

_____
_____
_____
_____

4 **Antworte wie im Beispiel.** | 4

Beispiel: Wann bezahlt man die Rechnung?   *Die Rechnung ist schon bezahlt worden.*

1. Wann informiert man die Gäste? _____
2. Wann bringt man die Bücher zurück? _____
3. Wann prüft man die Qualität des Materials? _____
4. Wann baut man den neuen Flughafen? _____

5 **Antworte und verwende Indefinitpronomen.** | 5

1. Kennst du Anglizismen?   Ja, _____.
2. Kaufst du ein T-Shirt?   Nein, _____.
3. Haben wir noch Brot zu Hause?   Nein, _____.
4. Wo ist hier ein Restaurant?   Da _____.
5. Wo sind hier Fehler?   In diesem Satz _____.

Kommunikation

6 **Rekonstruiere den Dialog. Nummeriere.** | 4

__ Nein, leider nicht. Und du?

__ Ich finde, es ist schwer zu verstehen. Kennst du auch Dialekte in Deutschland?

__ Wie findest du Schweizerdeutsch?

__ Na klar, es gibt zum Beispiel Bayrisch oder Berlinerisch. Das gefällt mir besonders gut.

7 **Beantworte die Fragen.** | 4

1. Wie viel Schokolade wird bei euch zu Hause gegessen?
   _____
2. In welche Stadt in der Schweiz würdest du gerne einmal reisen?
   _____
3. Wie gefällt dir die Geschichte von Wilhelm Tell?
   _____
4. Gibt es in deiner Sprache Dialekte? Wie heißen sie?
   _____

Wortschatz | 3
Grammatik | 19
Kommunikation | 8
Insgesamt | **30**

Tests

**Lesen
Hören
Schreiben
Sprechen**

Teil 2

Teil 2 des Testhefts bietet ein prüfungsorientiertes Fertigkeitstraining und unterstützt durch gezielte Übungen die Vorbereitung auf eine Prüfung.

Er umfasst vier Tests auf jeweils zwei Doppelseiten mit je einer Aufgabe zu den Fertigkeiten Lesen, Hören, Schreiben und Sprechen.

Jeder Test bezieht sich auf zwei Lektionen von *Magnet neu B1* (Kurs- und Arbeitsbuch). Die Themen der einzelnen Aufgaben orientieren sich an den Lektionen.

Die Tests können nach den Lektionen im Unterricht oder zu Hause durchgeführt werden, um den Stoff der Lektion zu vertiefen und die vier Fertigkeiten systematisch weiterzuentwickeln.

Das Format der Aufgaben entspricht der Prüfung *Goethe-/ÖSD-Zertifikat B1* auf dem Niveau B1 des Gemeinsamen europäischen Referenzrahmens. Die Lernenden können die Prüfungsformate, die ihnen zum Teil aus dem Kursbuch bekannt sind (mit Fit! gekennzeichnete Aufgaben), näher kennen lernen und sich so auch auf Prüfungen vorbereiten.

Die Lösungen zu den Aufgaben (Lesen, Hören) befinden sich am Ende des Heftes (S. 63).

Test 1

Lektionen 21-22

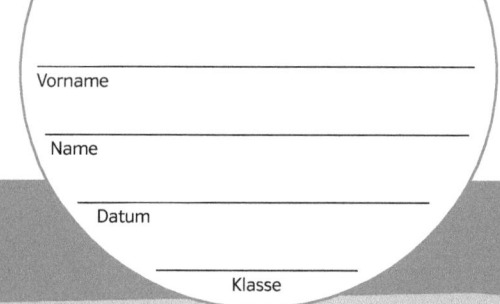

Lesen

1 Lies den Text und die Aufgaben 1 bis 4 dazu.
Wähle bei jeder Aufgabe die richtige Lösung a, b oder c.

Du möchtest im Sommer nach Deutschland reisen und an einem Sprachkurs für Jugendliche teilnehmen.

Sprachkurse nach
→ **Berlin,**
→ **Stuttgart und**
→ **Hamburg**

Wir freuen uns sehr, dass du dich für einen Sommersprachkurs interessierst, der von unserer Reiseagentur organisiert wird. Damit du einen ersten Eindruck bekommst, haben wir einige wichtige Informationen für dich zusammengestellt:

Anmeldefrist und Anmeldeformular

Es gibt keine Anmeldefristen für unsere Sommerkurse. Du kannst bis kurz vor Reisebeginn buchen – aber natürlich nur, wenn noch Plätze frei sind. Unser Tipp: Am besten frühzeitig buchen!
Lade bitte das Anmeldeformular von unserer Homepage herunter, fülle es vollständig aus und drucke es anschließend aus. Zum Schluss müssen deine Eltern das Formular unterschreiben.

Einstufung und Unterricht

Am Vormittag findet Sprachunterricht statt. Nachmittags hast du die Möglichkeit, bei Sport und anderen Freizeitangeboten deine neuen Sprachkenntnisse anzuwenden.
Am Anfang gibt es einen Einstufungstest. Danach ordnen wir dich dem richtigen Lernniveau zu. Wichtig ist auch, dass du im Anmeldeformular richtige Angaben zu deinen Sprachkenntnissen machst.
Mit uns lernst du vor allem aktiv: Du lernst zu zweit oder in der Gruppe, mit Interviews, Rollenspielen oder in kleinen Projekten. Der Unterricht passt zu deiner Altersgruppe und ist abwechslungsreich. Der Unterricht findet vom ersten Tag an in der Fremdsprache statt.

Leistungen

Die Kursgebühr muss vor Kursbeginn bezahlt werden. Sie beinhaltet: den Sprachunterricht und das Unterrichtsmaterial; das Sport-, Kultur- und Freizeitprogramm; Unterkunft im Internat; Verpflegung.

Zusatzkosten

Es handelt sich um einzelne Kosten für Prüfungen, individuelle Ausgaben für Souvenirs oder zusätzliche Ausflüge.

1 Das Anmeldeformular solltest du ...
   a) kurz vor Kursbeginn ausfüllen.
   b) zusammen mit den Eltern ausfüllen.
   c) ausfüllen und per E-Mail abschicken.

2 Am Anfang des Kurses ...
   a) schreibst du einen Test.
   b) füllst du ein Formular aus.
   c) wirst du automatisch einer Lerngruppe zugeteilt.

3 Im Sommerkurs lernst du vor allem ...
   a) durch Interviews.
   b) durch viele verschiedene Aktivitäten.
   c) durch Spiele.

4 Kosten für Freizeitaktivitäten ...
   a) müssen die Teilnehmer extra bezahlen.
   b) übernimmt die Reiseagentur.
   c) sind Teil der Kursgebühr.

Hören

**▷ 1 ② Du hörst nun einen Text. Du hörst den Text einmal. Dazu löst du fünf Aufgaben. Wähle bei jeder Aufgabe die richtige Lösung a, b oder c.
Lies jetzt die Aufgaben 1 bis 5. Dazu hast du 60 Sekunden Zeit.**

In deiner Schule hörst du einen Vortrag zum Thema „Ist Internet eine Droge?"

1 Herr Kunz meint, übermäßige Internetnutzung …
 a ist unter Jugendlichen normal.
 b ist keine Krankheit.
 c kann süchtig machen.

2 Internetsurfer …
 a suchen oft eine Welt ohne Konflikte.
 b möchten die Welt besser machen.
 c sind schizophren.

3 Herr Kunz sieht in der Einsamkeit …
 a das einzige Motiv für die Internetsucht.
 b eines der Hauptmotive für die Internetsucht.
 c nur eine Nebenwirkung der Internetsucht.

4 Die schlimmste Folge der Internetsucht ist …
 a dass man arm wird.
 b dass man den Kontakt zur Außenwelt verliert.
 c dass man keine Pflichten mehr hat.

5 Für Internetsüchtige …
 a hat Herr Kunz keinen Rat.
 b gibt es medizinische Heilmittel.
 c empfiehlt Herr Kunz eine Gruppentherapie.

Schreiben

3 Eine Schülergruppe aus Deutschland besucht nächste Woche eure Klasse.
Du informierst einen Schüler oder eine Schülerin vorab über das Programm und die Einzelheiten.

- Mache einen Vorschlag für ein Treffen: am Flughafen? in der Stadt? in der Schule?
- Beschreibe: Was werdet ihr zusammen machen?
- Informiere über die Wettervorhersage während des Besuchs.
- Berichte über die Vorbereitungen an deiner Schule.

Schreibe eine E-Mail (circa 80 Wörter).
Schreibe etwas zu allen drei Punkten.
Achte auf den Textaufbau (Anrede, Einleitung, Reihenfolge der Inhaltspunkte, Schluss).

Sprechen

4 **Gemeinsam etwas planen.**

Eure Klasse will dieses Jahr eine Klassenfahrt ins Ausland machen.

Diskutiert und überlegt zu zweit, wie man die Fahrt am besten organisiert.
Sprecht über die Reiseziele, die Organisation und die Vorbereitung und entscheidet gemeinsam, was ihr tun möchtet.

Klassenfahrt planen

- *Wohin fahren? Wann? Wie lange?*
- *Mit welchen Verkehrsmitteln und wo übernachten?*
- *Was besichtigen?*
- *Reiseangebote recherchieren und Kosten kalkulieren.*

Test 2
Lektionen 23-24

Vorname
Name
Datum
Klasse

Lesen

1 Lies den Text aus der Presse und die Aufgaben 1 bis 3 dazu. Wähle bei jeder Aufgabe die richtige Lösung [a], [b] oder [c].

Kleiner Beitrag zum Umweltschutz

Der steigende Bedarf an Papier belastet die Umwelt. Die Lösung könnte recyceltes Papier sein.

Papier ist überall. Wir benutzen es ständig und denken kaum darüber nach, welche Konsequenzen der hohe Papierverbrauch für unsere Umwelt hat. Wir lesen und kaufen Bücher und Zeitungen, Papier benutzen wir auch als Einkaufstüte, als Serviette, Pappbecher, Küchenrollen, Druckerpapier, Taschentücher oder als Toilettenpapier.

Die Deutschen verbrauchen im Jahr etwa 20 Millionen Tonnen Papier, Pappe und Karton – das sind im Durchschnitt über 200 Kilo pro Person. Im Papierverbrauch liegt Deutschland nach China, USA und Japan weltweit an der Spitze.

Zu den Papier-Großverbrauchern gehören auch die Schulen. Kopien oder Schulhefte – überall findet sich Papier, das meistens nicht umweltfreundlich hergestellt ist.

Papier wird aus Holz gemacht. Aus einem Baum kann man etwa 400 Zeitungen produzieren. Der hohe Papierverbrauch macht es nötig, dass ganze Wälder abgeholzt werden. Außerdem ist die Herstellung von Papier in den Fabriken oft umweltschädlich. Besonders gefährlich ist das Chlor, mit dem das Papier weiß gebleicht wird. Zum Glück sind viele Menschen vernünftig geworden und benutzen nur noch Umweltschutzpapier, das aus altem Papier hergestellt wird. Und die gute Nachricht zum Schluss: Kaum ein Land sammelt mehr Altpapier als Deutschland!

Aus einer deutschen Zeitung

1 Der Text informiert über ...
[a] Papier als umweltfreundliches Produkt.
[b] den Papierverbrauch in der Schweiz.
[c] die Papierproduktion und ihre Konsequenzen für die Umwelt.

2 Die Deutschen ...
[a] kritisieren den hohen Papierverbrauch.
[b] verbrauchen sehr viel Papier.
[c] produzieren viele Zeitungen.

3 Die Papierproduktion ...
[a] schadet der Umwelt.
[b] ist umweltfreundlich.
[c] hat keinen Einfluss auf die Umwelt.

Hören

▶ 2 **② Du hörst nun fünf kurze Texte. Du hörst jeden Text zweimal. Zu jedem Text löst du zwei Aufgaben. Wähle bei jeder Aufgabe die richtige Lösung.**

Text 1

1 In der Nordsee vor Baltrum wurde ein Windpark gebaut. [Richtig] [Falsch]

2 Der Park …
- [a] wird Strom produzieren.
- [b] verbraucht viel Strom.
- [c] ist ein beliebtes Ausflugziel.

Text 2

3 In Wien wird es in der Nacht Gewitter geben. [Richtig] [Falsch]

4 Am Nachmittag wird es …
- [a] regnerisch.
- [b] bewölkt.
- [c] sonnig.

Text 3

5 Das erste Elektroauto der Stadt kann man kostenlos mieten. [Richtig] [Falsch]

6 Man soll sich trauen, das Auto …
- [a] zu kaufen.
- [b] Probe zu fahren.
- [c] anzusehen.

Text 4

7 Leonie möchte den Kinobesuch verschieben. [Richtig] [Falsch]

8 Tom …
- [a] besorgt die Kinokarten.
- [b] kommt heute nicht mit.
- [c] hat Ben angerufen.

Text 5

9 In Wien wurden die Tagebücher von Kaiserin Sisi gefunden. [Richtig] [Falsch]

10 Was in den Tagebüchern steht, …
- [a] werten die Experten aus.
- [b] ist spannend.
- [c] kennt man aus vielen Filmen.

Schreiben

3 **Du hast in einem Online-Magazin einen Artikel zum Thema „Jugendliche und Umweltschutz" gelesen. Im Diskussionsforum der Zeitschrift liest du folgenden Beitrag.**

www.umweltfreunde.de/forum	
21.05., 20:30 Uhr	
Autor: Stefan	Umweltschutz finde ich total wichtig. Ich bin bei „Jugend & Natur", einer Gruppe an unserer Schule, die sich für den Umweltschutz einsetzt. Es macht Spaß und man lernt viel. In der Schule organisiere ich einen Infostand. Da verkaufen wir zum Beispiel Schulhefte aus Recyclingpapier. So kann jeder einen Beitrag leisten. Wir müssen alle was tun!

Schreibe nun deine Meinung zum Thema (circa 80 Wörter).

Sprechen

4 Ein Thema präsentieren.   Dauer: 3 Minuten

Ihr sollt euren Zuhörern zu zweit ein aktuelles Thema präsentieren. Dazu findet ihr hier fünf Folien. Folgt den Anweisungen links und schreibt eure Notizen und Ideen rechts daneben.

Thema 1

Stellt das Thema vor.
Sagt, worüber ihr sprechen wollt.
Erklärt die Struktur der Präsentation.

Folie 1
„Lesen ist doch langweilig!"

Wie kann man seine Freizeit sinnvoll verbringen?

_____
_____
_____
_____
_____
_____

Berichtet von einer Situation oder einem Erlebnis im Zusammenhang mit dem Thema.

Folie 2
Wie kann man seine Freizeit sinnvoll verbringen?

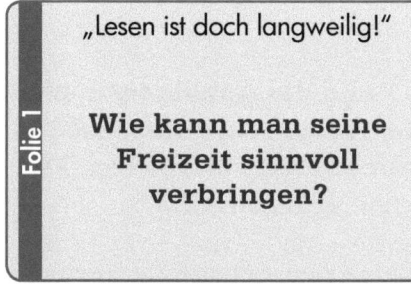

Unsere persönlichen Erfahrungen

_____
_____
_____
_____
_____
_____

Womit beschäftigen sich die Schüler und Schülerinnen in eurem Land in der Freizeit?

Folie 3
Wie kann man seine Freizeit sinnvoll verbringen?

Die Situation in unserem Heimatland

_____
_____
_____
_____
_____
_____

Welche Vor- und Nachteile haben die verschiedenen Freizeitbeschäftigungen?
Was ist eurer Meinung nach sinnvoll, was weniger?

Folie 4
Wie kann man seine Freizeit sinnvoll verbringen?

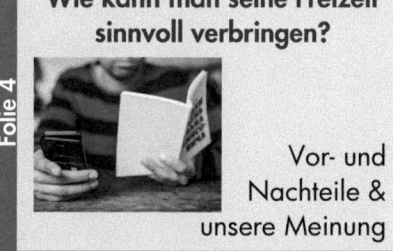

Vor- und Nachteile & unsere Meinung

_____
_____
_____
_____
_____
_____

Beendet eure Präsentation und bedankt euch bei den Zuhörern.

Folie 5
Wie kann man seine Freizeit sinnvoll verbringen?

Abschluss & Dank

_____
_____
_____
_____
_____
_____

Test 3

Lektionen 25-26

Vorname
Name
Datum
Klasse

Lesen

1 Lies die Situationen 1 bis 7 und die Anzeigen a bis j aus verschiedensprachigen Medien. Wähle: Welche Anzeige passt zu welcher Situation? Du kannst jede Anzeige nur einmal verwenden. Für eine Situation gibt es keine passende Anzeige. In diesem Fall schreibe 0.

Jugendliche in verschiedenen Situationen suchen Hilfe oder brauchen etwas.

Anzeige:

1 Du hast Probleme in der Schule und möchtest in einer kleinen Gruppe lernen. _____

2 Du willst ein neues Fahrrad und möchtest dein altes verkaufen. _____

3 Du willst dein Zimmer neu einrichten. Du musst aber zuerst die alten Möbel loswerden. _____

4 Dein Vater hatte einen kleinen Unfall mit dem Auto. Er muss den Schaden reparieren lassen. _____

5 Wo bekommst du Tickets für das Konzert in der Olympiahalle? _____

6 Dein Freund hat Liebeskummer und wird sehr depressiv. Du machst dir Sorgen um ihn und suchst professionelle Hilfe. _____

7 Du möchtest dich für eine Casting Sendung anmelden. _____

a Nachhilfeunterricht leicht gemacht!

Das Tempo in der Schule ist dir oft zu schnell und du hast Probleme? Nicht mit uns – wir bieten dir individuelle Betreuung an. Kontaktiere uns unter: info@nachhilfe_individuell.com oder ruf einfach an und informiere dich: 893 753 45

b Du bist in einer schwierigen Lebenssituation? Oder dein Freund/deine Freundin?

Helfen können wir dir nicht direkt, aber ein Buch empfehlen! Liebeskummer, Streit mit den Eltern, Mobbing in der Schule. All diese Themen behandelt das neue Buch **Teenie Welt**. So lernst du, dich selbst und die anderen besser zu verstehen.
Buchhandlung Victoria, Tucholskystr. 34, 10956 Berlin

c Du willst dein altes Fahrrad loswerden?
Du möchtest ein neues Fahrrad und weißt nicht, wohin mit dem alten? Wir kaufen alte und beschädigte Fahrräder an, egal in welchem Zustand. Komm einfach vorbei und bring dein Fahrrad mit.
Fahrrad-Werkstatt Neumann, Martin-Luther-Platz 2, 30173 Hannover-Südstadt

d
Eine Lebenskrise kann jeden treffen

Manchmal wird das Leben zu kompliziert und ein Ausweg ist nicht in Sicht. Doch eine Lösung gibt es immer! Gemeinsam finden wir den richtigen Weg.
Psychologische Beratung für jung und alt.
Sprechstunden von Mo bis Fr, 10:00 – 18:00 Uhr

e
Wenn intelligente Kinder schlechte Schüler sind ...
wir helfen aus der Krise!
In Klassen mit höchstens 8 Schülern holst du deine Lücken systematisch auf. Mit uns schaffst du dein Abi oder den Realschulabschluss!
Easy lernen
Tel. 0180/50028374 – www.easylernen.de

f
Zucchero in Innsbruck.

Italiens Megastar kommt am Sonntag, 27. April, nach Innsbruck. In der Olympiahalle wird er alle seine Hits und auch neue Kompositionen präsentieren. Tickets gibt es im Vorverkauf bei www.ticketpro.at

g
Flohmarkt
jeden Samstag von 8.00 bis 14.00 Uhr
Mehrzweckhalle, Bahnhofstr. 25
Wenn du etwas verkaufen möchtest oder einen Platz / Stand brauchst, dann melde dich bei Frau Berger:
0177 / 3378901

h
Die neue Reihe der beliebten Casting Sendung
„The Biggest Challenge"
beginnt schon nächste Woche – stimme jetzt schon für deine Lieblingskandidaten ab und gewinne tolle Preise! Einfach anrufen oder eine SMS schicken. Infos auf unserer Homepage:
www.biggestchallenge.com

i
WS Werkstatt Steiner

Service, Reparatur, TÜV und Ersatzteile.
Ihr Spezialist für alle Marken
Industriegebiet, Europaallee 157
Tel. 09131/37811257

j
Du suchst ein super Fahrrad?
Ich verkaufe mein altes Mountainbike, Modell *Tiger*.
Das Fahrrad ist in einem super Zustand (wie neu), hat 21 Gänge, Farbe: schwarz.
Handy: 0179/2789001

Hören

▶ 3 **2** **Du hörst nun eine Diskussion. Du hörst die Diskussion zweimal. Dazu löst du sieben Aufgaben. Ordne die Aussagen zu: Wer sagt was?**
Lies jetzt die Aussagen 1 bis 7. Dazu hast du 60 Sekunden Zeit.

Der Moderator einer Radiosendung für Jugendliche diskutiert mit der Schülerin Laura und dem Schüler Elias über das Thema Berufswahl.

		Moderator	Laura	Elias
1	Träume ändern sich mit dem Alter.	a	b	c
2	Ich möchte, dass mein Hobby zu meinem Beruf wird.	a	b	c
3	Nicht alle Träume und Berufswünsche sind realistisch.	a	b	c
4	Für viele Schülerinnen und Schüler ist Leistung sehr wichtig.	a	b	c
5	Englisch ist heutzutage absolut notwendig.	a	b	c
6	Viele Jugendlichen haben keine alternativen Pläne für die Zukunft.	a	b	c
7	Eine denkbare Alternative wäre für mich BWL.	a	b	c

Schreiben

3 **Du hast einen Ratgeber für Jugendliche gelesen. Es gibt dort Empfehlungen, z.B. gegen Beziehungsstress oder Liebeskummer. Auch praktische Tipps, wie man Kontakt aufnehmen oder Fehler in Beziehungen vermeiden kann, kann man lesen.**

Dein Freund würde gern Laura kennen lernen.

- Schreibe ihm, was du in dem Ratgeber gelesen hast.
- Wo hast du den Ratgeber gekauft und warum?
- Gib deinem Freund Tipps, wie er mit Laura Kontakt aufnehmen könnte.
- Empfehle deinem Freund, den Ratgeber zu lesen.

Schreibe eine E-Mail (circa 80 Wörter).
Schreibe etwas zu allen drei Punkten.
Achte auf den Textaufbau (Anrede, Einleitung, Reihenfolge der Inhaltspunkte, Schluss).

Sprechen

4 Ein Thema präsentieren. Dauer: 3 Minuten

Du sollst deinen Zuhörern ein aktuelles Thema präsentieren. Dazu findest du hier fünf Folien. Folge den Anweisungen links und schreibe deine Notizen und Ideen rechts daneben.

Thema 1

Stelle dein Thema vor. Erkläre den Inhalt und die Struktur deiner Präsentation.

Folie 1
„Tattoos sind für mich Kunst."
Sind Piercings und Tattoos für Jugendliche geeignet?

Wie sind deine persönlichen Erfahrungen mit dem Thema? Kennst du jemanden mit einem Tattoo oder Piercing?

Folie 2
Sind Piercings und Tattoos für Jugendliche geeignet?

Meine persönlichen Erfahrungen

Sind Tattoos und Piercings bei Jugendlichen in deinem Heimatland beliebt? Kannst du Beispiele geben?

Folie 3
Sind Piercings und Tattoos für Jugendliche geeignet?
Die Situation in deinem Heimatland

Welche Nachteile kann es z. B. in der Schule geben? Was ist problematisch? Gibt es gesundheitliche Risiken? Wie ist deine Meinung zu Tattoos und Piercings?

Folie 4
Sind Piercings und Tattoos für Jugendliche geeignet?
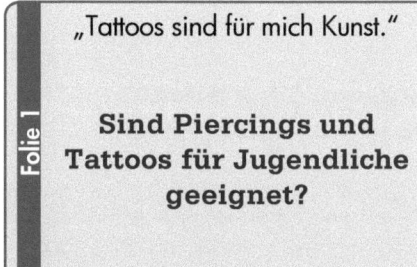
Vor- und Nachteile & deine Meinung

Beende deine Präsentation und bedanke dich bei den Zuhörern.

Folie 5
Sind Piercings und Tattoos für Jugendliche geeignet?
Abschluss & Dank

Test 4
Lektionen 27-28

Vorname
Name
Datum
Klasse

Lesen

1 Lies den Text und die Aufgaben 1 bis 6 dazu.
Wähle: Sind die Aussagen Richtig oder Falsch?

Leons Blog.de

Mittwoch, 10. Mai

Hey liebe Leute,
diese Woche hatte ich leider noch keine Zeit, etwas zu schreiben, ich hatte viel zu tun mit einem Projekt in der Schule.
Wir haben uns intensiv mit dem Thema Straßenkinder beschäftigt und ich muss sagen, dass es echt ein hartes Thema ist. Ich hätte nie gedacht, dass es auch in Deutschland Straßenkinder gibt, wo doch jeder eine Adresse, also einen festen Aufenthaltsort haben muss. Wir haben erfahren, dass hier rund 20.000 junge Menschen auf der Straße leben. Im Rahmen unseres Projekts haben wir das Buch von Sabrina Tophofen über ihre Zeit auf der Straße gelesen. Das Buch heißt „Solange bin ich vogelfrei: Mein Leben als Straßenkind". Eine unglaubliche Geschichte! Sie hat es dann später aber doch geschafft, von der Straße wegzukommen, ihren Schulabschluss nachzuholen und eine Ausbildung zu machen.
Viel schlimmer ist die Situation in den Ländern, die sehr arm sind oder vom Krieg zerstört. Das Leben auf der Straße ist dort gefährlich. Es gibt viel Kriminalität, die Kinder können sich kaum waschen oder eine normale Toilette benutzen. Die Folge sind Krankheiten und Drogen. Die wenigsten Straßenkinder können lesen und schreiben. Sie leben vom Drogenhandel und Diebstahl, verdienen ihr Geld als Schuhputzer oder Müllsammler. Wir haben herausgefunden, dass es weltweit viele Stiftungen und Projekte gibt, die versuchen, diesen Kindern und Jugendlichen eine Chance zu geben, so dass sie wieder zur Schule gehen können und neue Perspektiven haben.
Eine Projektgruppe hat auch in unserer Stadt nach Straßenkinder recherchiert, sie haben beim Jugendamt nachgefragt, in den lokalen Zeitungen nach Artikeln und Berichten mit dieser Thematik gesucht und sich Fragen gestellt wie: Warum leben Kinder bei uns auf der Straße? Wer kümmert sich um sie?
Am Ende hat die ganze Klasse beschlossen, dass wir an unserer Schule Geld für ein konkretes Hilfsprojekt sammeln werden.
Habt ihr in der Schule vielleicht auch über etwas Ähnliches gesprochen? Oder kennt ihr Projekte, die den Straßenkindern helfen wollen?
Bin gespannt auf eure Kommentare!
Leon

1 In Deutschland leben keine Kinder auf der Straße.   Richtig   Falsch

2 Die Autorin Sabrina Tophofen lebt heute auf der Straße.   Richtig   Falsch

3 Viele Straßenkinder sind Analphabeten.   Richtig   Falsch

4 Kriminalität gehört zum Alltag der Straßenkinder.   Richtig   Falsch

5 Stiftungen unterstützen Straßenkinder weltweit.   Richtig   Falsch

6 Leons Klasse weiß nur wenig über das Thema Straßenkinder.   Richtig   Falsch

Hören

▶ 4   **② Du hörst nun ein Gespräch. Du hörst das Gespräch einmal. Dazu löse sieben Aufgaben.**
Wähle: Sind die Aussagen Richtig oder Falsch ?
Lies jetzt die Aufgaben 1 bis 6. Dazu hast du 60 Sekunden Zeit.

Im Bus hörst du ein Gespräch zwischen zwei Freundinnen, Hanna und Nele.

1 Hanna hat momentan oft Streit mit ihrem Vater.   Richtig   Falsch

2 Hanna versteht sich überhaupt nicht mit ihren Eltern.   Richtig   Falsch

3 Neles Eltern leben nicht mehr zusammen.   Richtig   Falsch

4 Nele hat ein gutes Verhältnis zu ihrem Vater.   Richtig   Falsch

5 Patrick lebt in einer Patchwork-Familie.   Richtig   Falsch

6 Patrick bewegt sich nicht gern.   Richtig   Falsch

Schreiben

3 Du hast im Fernsehen eine Talkshow zum Thema „Von zu Hause abgehauen" gesehen. In der Online-Diskussion zu der Sendung liest du folgenden Beitrag:

---

www.talkshow-menschen-im-gespräch.de/von-zu-hause-abgehauen/forum

27.05., 22:30 Uhr

Autor: Marion

Bei uns ist es in letzter Zeit extrem dramatisch. Mein Vater ist total streng und verbietet mir fast alles, wir haben ein sehr schwieriges Verhältnis. Auch gestern ist er wieder mal explodiert: Ich hatte den letzten Bus verpasst und kam erst spät nach Hause. Er hat wahnsinnig geschimpft und gebrüllt! Die Folge: Hausarrest für zwei Wochen!!! Ich denke oft, die beste Lösung wäre einfach von zu Hause wegzugehen!

Schreibe nun deine Meinung zum Thema (circa 80 Wörter).
- Warst du schon einmal in so einer Situation?
- Rate Marion ab, von zu Hause wegzugehen!
- Tröste Marion und schreibe, dass du ihre Situation verstehst.
- Welche Tipps und Ratschläge kannst du ihr geben?

Sprechen

4) Gemeinsam etwas planen.

Die Schülerinnen und Schüler von eurer Austauschschule besuchen euch nächste Woche. Ihr möchtet mit ihnen ein interessantes Wochenende verbringen.

Besprecht und überlegt zu zweit, wie man das Wochenende am besten organisiert. Sprecht über die verschiedenen Möglichkeiten in eurer Stadt, die Organisation und die Vorbereitung. Entscheidet gemeinsam, was ihr macht und wie.

Austausch vorbereiten

- *Wer organisiert was?*
- *Was ansehen? Verschiedene Möglichkeiten in eurer Stadt?*
- *Wo am Abend hingehen?*
- *Angebote recherchieren und Kosten kalkulieren*
- *…*

Zertifikat B1

Modelltest

Teil 3

In Teil 3 des Testhefts haben die Lernenden die Möglichkeit, die Prüfung *Goethe-/ÖSD-Zertifikat B1* anhand eines kompletten Modelltests auszuprobieren. Sie lernen das Testformat kennen und können sich so gezielt auf die Prüfung vorbereiten, oder einfach nur ihre Kenntnisse überprüfen.

Eine Jugendvariante der Prüfung *Goethe-/ÖSD-Zertifikat B1* steht Jugendlichen zwischen 12 und 16 Jahren zur Verfügung. Die Prüfung wurde unter anderem vom Goethe-Institut entwickelt und wird weltweit nach einheitlichen Bestimmungen durchgeführt und ausgewertet.

Sie besteht aus einer schriftlichen Prüfung mit den Teilen Lesen, Hören und Schreiben sowie aus einer mündlichen Prüfung. Der mündliche Teil der Prüfung wird als Paarprüfung durchgeführt. Der schriftliche Teil der Prüfung dauert 160 Minuten, der mündliche Teil ungefähr 15 bis 20 Minuten pro Paar. Für den Prüfungsteil Sprechen haben die Prüfungsteilnehmer und Prüfungsteilnehmerinnen 15 Minuten Vorbereitungszeit.

Der Modelltest entspricht den Vorgaben zum *Goethe-/ÖSD-Zertifikat B1* und kann in der Klasse als auch in kleineren Lerngruppen zur Simulation der Prüfung genutzt werden. Die Hörtexte auf der Audio-CD enthalten alle notwendigen Arbeitsanweisungen und Pausen zum Lösen der Aufgaben.

Die Lösungen zu den Prüfungsteilen Lesen und Hören befinden sich am Ende des Heftes (S. 63).

Zertifikat B1

Lesen

Lesen Teil 1 Arbeitszeit: 10 Minuten

**Lies den Text und die Aufgaben 1 bis 6 dazu.
Wähle: Sind die Aussagen Richtig oder Falsch ?**

Ninas Blog: Von Böblingen nach Berlin

Di., 25. November

Hallo an alle, die mich kennen!

Seit ich mit meiner Familie nach Berlin umgezogen bin, sind schon drei Monate vergangen. So langsam kenne ich mich hier ein wenig aus, aber klar, es ist nicht einfach, sich in einer so großen Stadt wie Berlin zu orientieren. Es gibt immer noch vieles, was mir unbekannt ist.

Außerdem ist der Kontakt zu den meisten Mitschülerinnen und Mitschülern in meiner Klasse nicht sehr intensiv, obwohl niemand unsympathisch wirkt. Ich kenne sie einfach noch nicht gut genug. Ich denke, das braucht noch etwas Zeit. Am besten verstehe ich mich mit Kamilla, sie ist auch in meiner Klasse und total nett. Wir sind für nächste Woche verabredet und wollen ins Kino gehen. Die Kinos in Berlin sind schon etwas Besonderes! Wenn man aus einem kleinen Ort wie Böblingen kommt, kann man es kaum glauben, dass es in einer Stadt so viele und so unterschiedliche Kinos gibt. Manche sind zwar recht klein, aber sie haben eine ganz spezielle Atmosphäre. Es sind sogenannte Programmkinos und oft laufen dort Filme, die in den normalen Kinos gar nicht gezeigt werden.

Was toll an Berlin ist, sind die öffentlichen Verkehrsmittel, mit denen die verschiedenen Stadtteile problemlos erreichbar sind. Mir gefallen allerdings am besten die vielen Fahrradwege! Mit dem Rad ist man schnell unterwegs, es kostet nichts, man bewegt sich, verschmutzt die Luft nicht und bekommt echt viel von der Stadt mit!

Mit dem Fahrrad lässt sich auch das Umland von Berlin schnell erkunden. Wir haben schon zwei kleine Fahrradtouren unternommen und eine längere, mit einer Übernachtung in der Nähe von Berlin. Das hat voll Spaß gemacht!

Im Umland von Berlin gibt es sowieso viel zu entdecken – Kamilla hat mir neulich erzählt, dass sie im letzten Sommer zum ersten Mal eine Paddeltour gemacht hat. Man muss also kein Experte sein, um so eine Kanu- oder Kajak-Tour machen zu können. Man zeltet auf Campingplätzen und paddelt jeden Tag etwa 15 Kilometer. Das möchte ich in den Sommerferien auch unbedingt machen!

So, das war's für heute – bald mehr Infos aus Berlin ☺!

Nina

Beispiel
0 Nina kennt sich in Berlin gut aus.   Richtig   ~~Falsch~~

1 Nina hat den Eindruck, dass ihre Mitschülerinnen und
   Mitschüler nett sind.   Richtig   Falsch

2 Kamilla hat Nina nächste Woche ins Kino eingeladen.   Richtig   Falsch

3 Viele Kinos in Berlin sind klein.   Richtig   Falsch

4 Mit dem Rad ist man in Berlin schneller unterwegs als mit den
   öffentlichen Verkehrsmitteln.   Richtig   Falsch

5 Nina findet, dass das Radfahren viele Vorteile hat.   Richtig   Falsch

6 Kamilla kann gut paddeln.   Richtig   Falsch

Lesen Teil 2   Arbeitszeit: 10 Minuten

Lies den Text aus der Presse und die Aufgaben 7 bis 9 dazu. Wähle bei jeder Aufgabe die richtige Lösung [a], [b] oder [c].

Läuferin aus Afghanistan sprintet bei der Leichtathletik-WM

PARIS – Die 23-jährige Lima Azimi aus Kabul nahm erstmalig an einem offiziellen 100-m-Lauf teil.

Zwar hatte die junge Frau für die 100 Meter 18,37 Sekunden benötigt, aber sie ist die erste afghanische Frau, die bei einer Leichtathletik-Weltmeisterschaft am Start war. Was vor noch nicht allzu langer Zeit undenkbar gewesen wäre, wurde in Paris Wirklichkeit. „Gelaufen bin ich in langer Trainingshose, eine kurze Hose lässt unsere Tradition nicht zu", sagt Azimi, die vor einigen Tagen zum ersten Mal in ihrem Leben Kabul verließ und deren Geschichte wie ein Märchen klingt.

Ob sie verrückt sei, musste sich Azimi fragen lassen, als die Studentin (Englisch und Literatur) eines Tages nach Hause kam und ihrer Familie erzählte, sie sei vom Sportverband des Landes dafür ausgewählt worden, Afghanistan bei der WM in Paris zu repräsentieren.

„Eigentlich habe ich ja Volleyball gespielt", erzählte sie. „Aber bei den Wettbewerben zur Auswahl bin ich immer am schnellsten gelaufen." Die Afghanin ist nach dem Ausscheiden aus dem 100-m-Lauf noch einige Tage in Paris geblieben. „Die WM und die Stadt waren wunderbar, aber ich glaube, ich werde meinen Eltern nicht erzählen, dass ich so langsam war."

Aus einer deutschen Zeitung, gekürzt und verändert

Beispiel

0 Lima Azimi …
- [x] war bisher nicht verreist.
- [b] reist oft.
- [c] möchte in Paris bleiben

7 In diesem Text geht es darum, …
- [a] dass eine Favoritin enttäuscht hat.
- [b] dass bei der WM eine Läuferin aus Afghanistan teilgenommen hat.
- [c] dass eine Zeit von 18,37 Sekunden gelaufen wurde.

8 Lima Azimi …
- [a] ist Profi-Sportlerin.
- [b] war beim Lauf wie die anderen Athletinnen gekleidet.
- [c] hat die WM gefallen.

9 Der afghanische Sportverband hat Azimi nach Paris geschickt, …
- [a] weil sie gute Sprachkenntnisse hat.
- [b] weil sie bei Testläufen schneller war als andere Frauen.
- [c] weil sie als Volleyballspielerin sehr sportlich ist.

Lesen Teil 2 Arbeitszeit: 10 Minuten

Lies den Text aus der Presse und die Aufgaben 10 bis 12 dazu. Wähle bei jeder Aufgabe die richtige Lösung a, b oder c.

Das Zeitalter der Schnellzüge

1981 begann in Frankreich das Zeitalter der Hochgeschwindigkeitszüge mit dem 260 Stundenkilometer schnellen TGV von Paris nach Lyon. Seine Höchstgeschwindigkeit, aufgestellt auf einer Probefahrt ohne Passagiere, lag im Jahr 1990 schon bei 515 Stundenkilometern. Im normalen, fahrplanmäßigen Betrieb liegt aber die Höchstgeschwindigkeit bei 299 Stundenkilometern, die Durchschnittsgeschwindigkeit beträgt 212 Stundenkilometer. Solche Geschwindigkeiten waren bei Zügen bis dahin undenkbar.

Noch schneller fahren die japanischen Eisenbahnen auf der Strecke zwischen Tokio und Osaka, nämlich über Tempo 300. Auch die deutschen Intercity-Express-Züge (ICE) können eine Spitzengeschwindigkeit bis zu 300 Stundenkilometer erreichen. Die Reisegeschwindigkeit ist jedoch in der Regel erheblich geringer.

Die ersten ICE-Züge fuhren in Deutschland im Juni 1991. Das war der Anfang einer erfolgreichen Geschichte des ICE. Zu dieser Zeit war die neue Generation von Hochgeschwindigkeitszügen in Deutschland eine technische Revolution. Mit vielen durchdachten Details und digitaler Technik wurden neue Maßstäbe für den modernen Bahnverkehr gesetzt.

Mit dem schnellsten ICE-Zug, dem ICE Sprinter, soll auf einer neuen Bahnstrecke zwischen Berlin und München die Fahrt zukünftig nur noch 3 Stunden und 55 Minuten dauern. Damit könnte diese Zugverbindung sogar Flugreisen Konkurrenz machen.

Aus einer deutschen Zeitung

---

10 In diesem Text geht es um ...
- a die Entwicklung der Schnellzüge.
- b die Geschichte der Bahn.
- c die Konkurrenz zwischen den internationalen Bahngesellschaften.

11 Der französische TGV ist ...
- a der schnellste Hochgeschwindigkeitszug.
- b der modernste Hochgeschwindigkeitszug.
- c der erste Hochgeschwindigkeitszug.

12 Deutsche ICE-Züge sind ...
- a schneller als die französischen TGVs.
- b technisch hochentwickelt.
- c schneller als Flugzeuge.

Lesen Teil 3   Arbeitszeit: 10 Minuten

Lies die Situationen 13 bis 19 und die Anzeigen a bis j aus verschiedenen deutschsprachigen Medien. Wähle: Welche Anzeige passt zu welcher Situation? Du kannst jede Anzeige nur einmal verwenden. Die Anzeige b aus dem Beispiel kannst du nicht mehr verwenden. Für eine Situation gibt es keine passende Anzeige. In diesem Fall schreibe 0.

Jugendliche und junge Erwachsene in unterschiedlichen Lebenssituationen suchen passende Angebote.

Beispiel
0 Maria möchte in den Ferien verreisen und braucht noch etwa 250 Euro.   Anzeige: _b_

13 Julian (14) möchte in den Weihnachtsferien mit seiner Familie nach Tirol zum Skifahren.   Anzeige: ___

14 Emma (15) steckt in einer tiefen Krise und weiß keinen Rat.   Anzeige: ___

15 Julia (17) und Ida (16) möchten in den Ferien eine Woche an der Nordsee verbringen.   Anzeige: ___

16 Petra (18) jobbt als Au-Pair in Garmisch und sucht eine Veranstaltung für die Kinder ihrer Gastfamilie.   Anzeige: ___

17 Martin (19) hat einen Studienplatz in Berlin und sucht einen Job, um sein Studium zu finanzieren.   Anzeige: ___

18 Isabella (15) fährt in den Ferien nach Tunesien und möchte sich über die Traditionen des Landes informieren.   Anzeige: ___

19 Benjamin (17) möchte seine Freundin zum Abendessen einladen. Sie mag die orientalische Küche.   Anzeige: ___

a
Spaß haben und entspannen!
Du planst einen Urlaub an der Ostsee?
Wir bieten Bungalows und Ferienwohnungen für das kleine Portemonnaie.
Bei Interesse vermitteln wir auch viele Freizeitangebote von kompetenten Anbietern.
Reiseagentur Traumstrand in Wolgast,
Tel. 03836/106653
www.traumstrand.de

b
Du suchst einen interessanten Ferienjob?
Dann sprich uns an! Wir suchen Jugendliche als Aushilfe in unserer Buchhandlung „Leseratte".
Mindestens 3x die Woche, 4–5 Stunden.
Du kannst zwischen 20 und 30 Euro am Tag verdienen.
Sprich uns direkt an oder rufe uns an.
Tel. 030/8817260

c
Alpen Hotel, Seefeld/Tirol

Bei uns finden Sie Ruhe, Entspannung, gutes Essen und Skipisten vor der Tür. Natürlich zu vernünftigen Preisen: Übernachtung mit Frühstück nur 34 Euro, Übernachtung mit Halbpension 44 Euro. Wir haben vom 26. bis 31. Dezember noch Zimmer frei. Tel. 05212.68911
E-Mail: alpen-hotel@free.at

d
Studentinnen und Studenten für ein halbjähriges Praktikum gesucht!

Du möchtest Berufserfahrung sammeln und nette Leute kennen lernen? Dann bist du bei uns richtig – wir sind ein kleines dynamisches Team, spezialisiert auf Beratung und Projektmanagement.
info@projekt.com

e
Du findest die traditionelle deutsche Küche nun doch etwas langweilig?
Lust auf etwas Neues?

Restaurant *Sahara*, marokkanische und tunesische Spezialitäten.

Täglich von 11 bis 15 Uhr und von 18 bis 23 Uhr.
Schwanthaler Str. 79

f
Du bist jung und suchst einen Job?

Wir brauchen Pizza-Kuriere für ganz Berlin. Gute Verdienstmöglichkeit und interessante Arbeit.

Melde dich unter 030/8166270 oder schreib eine E-Mail an: info@pizza4you.de

g
Traurig und deprimiert? Kummer?

Du hast aber niemanden, dem du deine Probleme anvertrauen kannst?
Unser Sorgentelefon-Service ist jeden Tag von 9 bis 18 Uhr für dich da.
Tel. 0171/6667700

h
Probleme in der Schule?

Student erteilt Nachhilfestunden. Erfolg und Professionalität müssen nicht teuer sein. Nur 12 Euro/Stunde Einzel- oder Gruppenunterricht.
Mobil: 0171/61256601

i
Der Tourismus-Verband Garmisch e. V.

organisiert für seine Gäste das traditionelle Kinderfest. **Wann?** Sonntag, 29.7. von 10 bis 18 Uhr.
Was? Kinderzirkus, Wasserspiele, Puppentheater, basteln und vieles mehr!
Alle Kinder von 1 bis 99 Jahre sind herzlich eingeladen!

j
Norderney, die Perle der Nordsee!

Günstige 2- bzw. 3-Zi.-Ferienwohnungen, in ruhiger Lage, nur 100 m vom Strand entfernt, z.B. ca. 20 m² Wohnfläche, 250 Euro/Wo.
GWB-Haus Bremen, Tel. 0421/299018

Lesen Teil 4 Arbeitszeit: 15 Minuten

Lies die Texte 20 bis 26. Wähle: Ist die Person für ein Verbot von freilaufenden Hunden in Parks?

In einem Internetforum liest du Kommentare zur der Frage, ob Hunde in Parks freilaufen dürfen oder nicht.

Beispiel
0 Katrin   [Ja]   [~~Nein~~]

20	Florian	[Ja]	[Nein]	24	Joachim	[Ja]	[Nein]
21	Thomas	[Ja]	[Nein]	25	Corinna	[Ja]	[Nein]
22	Alina	[Ja]	[Nein]	26	Xenia	[Ja]	[Nein]
23	Simon	[Ja]	[Nein]				

Leserbriefe

Beispiel
Ich bin Hundetrainerin und für mich ist die Situation eindeutig: Jeder Hundebesitzer ist für seinen Hund verantwortlich. Durch gutes Training lassen sich alle Hunde erziehen. Dann ist es kein Problem, wenn ein Hund auch mal frei ohne Leine herumläuft.

Katrin, 34, Tübingen

20 Ich bin Hundebesitzer und verstehe nicht, warum Hunde nicht auch mal freilaufen dürfen. Klar, nicht alle Hunde sind so nett und freundlich wie mein Bobby, aber ein bisschen Auslauf muss es für Hunde doch geben. Freilaufende Hunde in einem Park zu verbieten ist einfach Unsinn.

Florian, 50, Berlin

21 Bei uns gibt es zwei Parks in der Nähe. Ich gehe dort oft spazieren und ärgere mich jedes Mal über Hunde, die ohne Leine herumlaufen. Man sieht doch überall Schilder, dass Hunde immer angeleint sein müssen! Trotzdem beachten die meisten Hundebesitzer diese Regel nicht. Das kann doch nicht sein!

Thomas, 36, Göttingen

22 Also wenn ich sehe, dass Hunde auf dem Rasen oder auf dem Kinderspielplatz frei herumlaufen und alles verschmutzen, dann denke ich immer: „Sieht denn niemand, dass auch die Kinder dort spielen?" Für mich ist es eine klare Sache, entweder Hunde oder Kinder. Ich will nicht, dass sich meine Kinder noch eine Krankheit holen oder etwas Ähnliches, nur weil die Hundebesitzer nicht in der Lage sind, ihre Hunde an der Leine zu führen.

Alina, 29, Hamburg

23 Es ist doch so: Hunde sind wie Menschen. Eine Stadt oder ein Park ist nur dann für die Menschen gut, wenn sich auch Hunde dort wohlfühlen. Menschen müssen lernen, mit Hunden zu leben. Wenn es keine Freiheit für Hunde gibt, gibt es auch keine Freiheit für Menschen. So einfach ist das.

Simon, 23, Regensburg

24 Ich arbeite für die Stadtverwaltung und wir haben eine klare Antwort auf diese Frage: Hunde ohne Leine dürfen in städtischen Parks und Grünanlagen nicht frei herumlaufen. Dafür gibt es spezielle Bereiche, dort besteht kein Leinenzwang. Hunde können auch schnell gefährlich und aggressiv werden, deswegen gehören sie im öffentlichen Raum grundsätzlich immer an die Leine.

Joachim, 45, Nürnberg

25 Als ich klein war, wurde ich von einem Hund gebissen. Seine Besitzerin war aber natürlich fest davon überzeugt, dass er total brav ist. Deswegen war der Hund auch nicht an der Leine. Heute habe ich selbst einen Hund, denke aber trotzdem, dass freilaufende Hunde in Parks nichts zu suchen haben. Alle Hunde sind nur Tiere und können Menschen verletzen.

Corinna, 65, Potsdam

26 Ich denke, die Frage kann man gar nicht eindeutig beantworten. Hunde müssen sich auch in der Stadt frei bewegen können. So etwas kann nicht verboten werden. Aber auf der anderen Seite sollte Rücksicht auf Kinder und Leute genommen werden, die vor Hunden Angst haben. Man muss also einen Kompromiss finden.

Xenia, 19, Eichstätt

Lesen Teil 5 Arbeitszeit: 10 Minuten

Lies die Aufgaben 27 bis 30 und den Text dazu. Wähle bei jeder Aufgabe die richtige Lösung a, b oder c.

Du machst mit deiner Klasse eine Klassenfahrt nach Aachen. Ihr übernachtet in einem Jugendgästehaus. Bei der Ankunft bekommt ihr die Hausordnung mit den Regeln.

27 Für Schäden …
- a sind die Gäste selbst verantwortlich.
- b übernimmt das Jugendgästehaus die Kosten.
- c werden pauschal 50 € berechnet.

28 Die Gäste des Jugendgästehauses …
- a dürfen kein Essen kaufen.
- b dürfen auf den Zimmern nichts trinken.
- c können direkt im Haus Getränke kaufen.

29 Im Sommer kann …
- a man überall im Garten Feuer machen.
- b gegrillt werden.
- c Holz für Feuer im Garten gesammelt werden.

30 Am Abreisetag …
- a müssen die Gäste Bettwäsche und Handtücher wieder abgeben.
- b müssen die Gäste bis 13:00 Uhr das Jugendgästehaus verlassen.
- c kann das Gepäck an der Rezeption aufbewahrt werden.

Hausordnung

Liebe Schülerinnen und Schüler!
Wir freuen uns über euren Besuch und möchten euch einige Informationen zu dem Aufenthalt in unserem Jugendgästehaus geben.

Zimmer

In unserem Jugendgästehaus gibt es moderne Zwei-, Drei- oder Vierbettzimmer. Jeder bekommt eine Zimmerkarte. Die Karte könnt ihr an der Rezeption abgeben, wenn ihr das Haus verlasst. Bei Verlust der Zimmerkarte müssen wir euch 50 € berechnen.
Bitte achtet darauf, dass nichts beschädigt wird. Falls im Zimmer oder im Jugendgästehaus Schäden festgestellt werden, müssen wir euch die Kosten für die Renovierung/Reparatur in Rechnung stellen.

Essen

Alle Mahlzeiten werden im Speisesaal eingenommen, der sich im Erdgeschoss, direkt gegenüber dem Aufzug befindet.
Frühstück gibt es von 7:00 bis 10:00 Uhr, Mittagessen zwischen 12:30 und 13:30 Uhr und Abendessen von 18:00 bis 20:00 Uhr.
Nach dem Abendessen ist unser Bistro geöffnet – dort könnt ihr Getränke oder kleine Snacks und Süßigkeiten kaufen. In unserem Haus darf kein mitgebrachtes Essen konsumiert werden.

Freizeit

Für sportliche Aktivitäten stehen euch ein Volleyballplatz und zwei Tischtennisplatten zur Verfügung. Außerdem befindet sich im Garten ein Grillplatz – hier könnt ihr an lauen Sommerabenden ein Lagerfeuer machen. Benutzt dafür bitte die Feuerschale. Auf Anfrage kann Holz von uns besorgt werden.

An- und Abreise

Die Anreise ist ab 13:00 Uhr möglich, am Abreisetag müssen die Zimmer bis spätestens 10:00 Uhr geräumt werden. Das Gepäck kann danach noch in unserem Gepäckraum aufbewahrt werden.
Bitte werft bei Abreise die Bettwäsche und die Handtücher in die dafür vorgesehenen Wäschecontainer neben der Rezeption.

Zertifikat B1

Hören

Hören Teil 1

▶ 5 **Lies zuerst das Beispiel. Dazu hast du 10 Sekunden Zeit. Du hörst nun fünf kurze Texte. Du hörst jeden Text zweimal. Zu jedem Text löst du zwei Aufgaben. Wähle bei jeder Aufgabe die richtige Lösung.**

Beispiel
01 Moni möchte sich mit Lena treffen.   Richtig   ~~Falsch~~
02 Lena soll …
   ☒ a etwas über das Herz lesen.
   ☐ b alle Hausaufgaben machen.
   ☐ c einen Text kopieren.

Text 1
1 Schlechtes Wetter macht die Verkehrssituation kompliziert.   Richtig   Falsch
2 Die A9 ist …
   a wegen starker Schneefälle gesperrt.
   b problemlos befahrbar.
   c ist nur zum Teil befahrbar.

Text 2
3 Du kannst sofort mit einem Pizza-Kurier sprechen.   Richtig   Falsch
4 Die Lieferung ins Haus …
   a kostet nur 1 Cent.
   b muss man nicht extra bezahlen.
   c ist ab sechs Pizzen gratis.

Text 3
5 Ella erklärt dir den Weg zu eurem Treffpunkt.   Richtig   Falsch
6 Ella wohnt …
   a in der Bülowstraße.
   b direkt neben dem Restaurant Capri.
   c gegenüber dem Haus Nummer 42.

Text 4
7 Der Zug fährt heute nicht.   Richtig   Falsch
8 Zum Olympiazentrum kommt man …
   a nur mit der U-Bahn-Linie 3.
   b mit der U-Bahn oder mit dem Bus.
   c heute nur zu Fuß.

Text 5
9 Du hörst den Wetterbericht für den nächsten Tag.   Richtig   Falsch
10 Am Mittwoch …
   a ist das Wetter nur in Bayern schlecht.
   b bleibt es im Norden wolkig.
   c scheint im Norden die Sonne.

Hören Teil 2

**▶ 6   Du hörst nun einen Text. Du hörst den Text einmal. Dazu löst du fünf Aufgaben. Wähle bei jeder Aufgabe die richtige Lösung a , b oder c .
Lies jetzt die Aufgaben 11 bis 15. Dazu hast du 60 Sekunden Zeit.**

Du nimmst mit deiner Klasse an einem Kletterabenteuer im Hochseilgarten teil.

11 Wer im Hochseilgarten klettern möchte, …
   a braucht spezielle Kleidung.
   b braucht Kletterschuhe.
   c sollte sportlich angezogen sein.

12 Einen Klettergurt müssen …
   a nur Anfänger tragen
   b alle tragen.
   c nur Kinder tragen.

13 Ihr klettert …
   a in kleinen Gruppen.
   b allein.
   c alle zusammen in einer Gruppe.

14 Wer nicht weiter klettern kann, …
   a muss sofort zurück auf den Boden.
   b bekommt Unterstützung vom Trainer.
   c muss seine Angst überwinden.

15 Im Hochseilgarten lernt man …
   a im Team zu arbeiten.
   b über seine Grenzen zu gehen.
   c Spaß zu haben.

Hören Teil 3

7 Du hörst ein Gespräch. Du hörst das Gespräch einmal. Dazu löst du sieben Aufgaben.
Wähle: Sind die Aussagen [Richtig] oder [Falsch]? Lies jetzt die Aufgaben 16 bis 22. Dazu hast du 60 Sekunden Zeit.

Du sitzt in der Schulmensa und hörst, wie sich zwei Schüler, Paul und Julian, über ihre Reisepläne im Sommer unterhalten.

16	Julian hat noch keine Pläne für die Sommerferien.	Richtig	Falsch
17	Paul möchte mit seinen Freunden ans Meer fahren.	Richtig	Falsch
18	Paul hat noch nicht viele Wandertouren gemacht.	Richtig	Falsch
19	Paul und seine Freunde wollen auf Korsika in Hütten übernachten.	Richtig	Falsch
20	Julians Eltern haben einen Bungalow an der Ostsee gekauft.	Richtig	Falsch
21	Julian kann gut klettern.	Richtig	Falsch
22	Pauls Freunde möchten nicht, dass Julian mit nach Korsika fährt.	Richtig	Falsch

Hören Teil 4

8 Du hörst nun eine Diskussion. Du hörst die Diskussion zweimal. Dazu löst du acht Aufgaben. Ordne die Aussagen zu: Wer sagt was?
Lies jetzt die Aussagen 23 bis 30. Dazu hast du 60 Sekunden Zeit.

Der Moderator der Radiosendung „Was uns bewegt" diskutiert mit der Hauptschülerin Lea und dem Hauptschüler Kevin über das Thema „Gewalt in der Schule".

	Moderator	Lea	Kevin
23 Die Medien berichten von der Gewalt in den Schulen.	a	b	c
24 Nach einer Schlägerei wurden drei Schüler ins Krankenhaus eingeliefert.	a	b	c
25 Manche Lehrer können sich im Unterricht nicht durchsetzen.	a	b	c
26 Verträge zwischen Schülern und Lehrern halten gemeinsame Verhaltensregeln fest.	a	b	c
27 Viele Lehrkräfte meinen, dass Kinder heute schlechter erzogen werden als früher.	a	b	c
28 Jungen verhalten sich oft so, wie sie es in der Familie sehen.	a	b	c
29 Aggressives Verhalten hängt oft mit Schwierigkeiten in der Schule zusammen.	a	b	c
30 Die verbale Gewalt hat an den Schulen zugenommen.	a	b	c

Zertifikat B1

Schreiben

Schreiben Aufgabe 1 Arbeitszeit: 20 Minuten

Am Wochenende hast du mit Freunden einen Fahrradausflug gemacht. Dein bester Freund/deine beste Freundin war leider krank und konnte nicht mitfahren.

- Beschreibe: Wie war die Fahrradtour?
- Begründe: Was hat dir besonders gut gefallen?
- Mache ein Vorschlag für die nächste gemeinsame Fahrradtour.

Schreibe eine E-Mail (circa 80 Wörter).
Schreibe etwas zu allen drei Punkten.
Achte auf den Textaufbau (Anrede, Einleitung, Reihenfolge der Inhaltspunkte, Schluss).

Schreiben Aufgabe 2 Arbeitszeit: 25 Minuten

Du hast in einer Online-Zeitschrift einen Artikel zum Thema „Handyfreie Zonen in Zügen" gelesen. Im Diskussionsforum der Zeitschrift findest du folgende Meinung:

www.themen-digital.de/Handyfreie_Zonen_in_Zügen/forum	
06.07., 18:55 Uhr	
Autor: Timo	Ich kann verstehen, dass laute Handygespräche andere Leute stören können, aber das Telefonieren komplett in Zügen zu verbieten, das ist doch etwas übertrieben. Wenn jemand laut und lange telefoniert, kann man ihn doch direkt ansprechen und zum Beispiel bitten, das Telefongespräch im Gang fortzusetzen.

Schreibe nun deine Meinung zum Thema (circa 80 Wörter).

Schreiben Aufgabe 3 Arbeitszeit: 15 Minuten

Du hast im Internet ein attraktives Angebot für ein gebrauchtes Rennrad gesehen. Du bist an dem Angebot interessiert und möchtest noch ein paar Informationen bekommen. Schreibe an Herrn Watzke und bitte ihn um Informationen (Marke, Alter, Zustand etc.).

Schreibe eine E-Mail (circa 40 Wörter).
Vergiss nicht die Anrede und den Gruß am Schluss.

Zertifikat B1

Sprechen

Sprechen Teil 1 – Gemeinsam etwas planen

Nächste Woche hat ein guter Freund von euch Geburtstag. Ihr möchtet für ihn ein Geschenk besorgen und eine Überraschungsparty organisieren.

Sprich über die Punkte unten, mach Vorschläge und reagiere auf die Vorschläge deines Gesprächspartners / deiner Gesprächspartnerin. Plant und entscheidet gemeinsam, was ihr tun möchtet.

Geburtstagsparty planen und Geschenke organisieren

- *Wann? Wo?*
- *Wen einladen?*
- *Essen, Getränke? (mitbringen, kaufen, …)*
- *Geschenk?*
- *…*

Sprechen Teil 2 – Ein Thema präsentieren   Dauer: 3 Minuten

Wähle ein Thema (Thema 1 oder Thema 2) aus. Du sollst deinen Zuhörern ein aktuelles Thema präsentieren. Dazu findest du hier fünf Folien. Folge den Anweisungen und mache dir Notizen.

Thema 1

Stelle dein Thema vor. Erkläre den Inhalt und die Struktur deiner Präsentation.

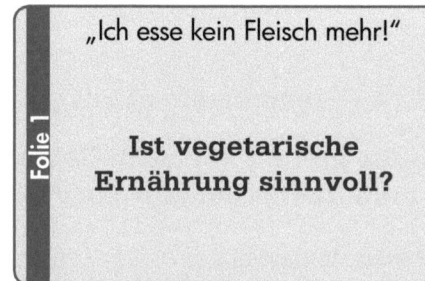

Folie 1: „Ich esse kein Fleisch mehr!" – Ist vegetarische Ernährung sinnvoll?

Berichte von deiner Situation oder einem Erlebnis im Zusammenhang mit dem Thema.

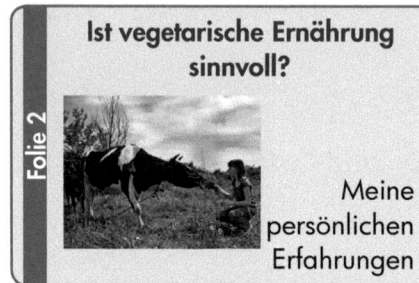

Folie 2: Ist vegetarische Ernährung sinnvoll? – Meine persönlichen Erfahrungen

Berichte von der Situation in deinem Heimatland und gib Beispiele.

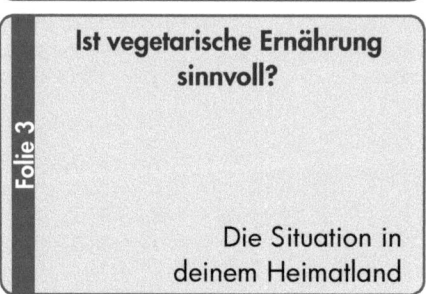

Folie 3: Ist vegetarische Ernährung sinnvoll? – Die Situation in deinem Heimatland

Nenne die Vor- und Nachteile und sag dazu deine Meinung. Gib auch Beispiele.

Folie 4: Ist vegetarische Ernährung sinnvoll? – Vor- und Nachteile & deine Meinung

Beende deine Präsentation und bedanke dich bei den Zuhörern.

Folie 5: Ist vegetarische Ernährung sinnvoll? – Abschluss & Dank

Thema 2

Stelle dein Thema vor. Erkläre den Inhalt und die Struktur deiner Präsentation.	**Folie 1:** „Bücher finde ich langweilig" — **Lesen Kinder und Jugendliche heutzutage weniger?**	_____
Berichte von deiner Situation oder einem Erlebnis im Zusammenhang mit dem Thema.	**Folie 2:** Lesen Kinder und Jugendliche heutzutage weniger? — Meine persönlichen Erfahrungen	_____
Berichte von der Situation in deinem Heimatland und gib Beispiele.	**Folie 3:** Lesen Kinder und Jugendliche heutzutage weniger? — Die Situation in deinem Heimatland	_____
Nenne die Vor- und Nachteile und sag dazu deine Meinung. Gib auch Beispiele.	**Folie 4:** Lesen Kinder und Jugendliche heutzutage weniger? — Vor- und Nachteile & deine Meinung	_____
Beende deine Präsentation und bedanke dich bei den Zuhörern.	**Folie 5:** Lesen Kinder und Jugendliche heutzutage weniger? — Abschluss & Dank	_____

Sprechen Teil 3 – Über ein Thema sprechen   Dauer: 2 Minuten

Nach deiner Präsentation
Reagiere auf die Rückmeldung und auf Fragen der Prüfer / Prüferinnen und des Lernpartners / der Lernpartnerin.

Nach der Präsentation deines Lernpartners / deiner Lernpartnerin
a) Gib eine Rückmeldung zur Präsentation deines Lernpartners / deiner Lernpartnerin
   (z. B. wie dir die Präsentation gefallen hat, was für dich neu oder besonders interessant war usw.).
b) Stelle auch eine Frage zur Präsentation deines Lernpartners / deiner Lernpartnerin.

Lösungen

Tests

(Wortschatz, Grammatik, Kommunikation)

Test: Lektion 21

1: 1. e; 2. c; 3. d; 4. a; 5. b
2: 1. Ich lese jeden Tag Zeitung, um informiert zu sein. 2. Ich brauche einen Job, damit meine Eltern mein Studium nicht finanzieren müssen. 3. Meine Eltern kaufen mir ein Handy, damit ich immer erreichbar bin. 4. Herr Kunz spielt jede Woche Lotto, um Millionär zu werden. 5. Ich gebe dir meinen iPod, damit du dich nicht langweilst.
3: 1. Das Leben eines Managers ist nicht immer leicht. 2. Wie heißt die Direktorin des Betriebes? 3. Der Lehrer hat die Klassenarbeiten der Klasse 7B zurückgegeben. 4. Die Arbeit eines Polizisten / einer Polizistin ist interessant, aber auch sehr gefährlich. 5. Der Alltag eines Studenten / einer Studentin ist manchmal langweilig. 6. Der Mathelehrer meiner Schwester ist sehr streng. 7. Während der Reise nach Italien ist mein Vater krank geworden. 8. Trotz des Navigationssystems haben wir uns verfahren. 9. Ich finde den Artikel dieses Journalisten / dieser Journalistin sehr interessant. 10. Der neue Direktor der Firma heißt Beckmann.
4: 1. Trotz des schlechten Wetters gehen wir spazieren. 2. Während des Unterrichts haben wir immer viel Spaß. 3. Wegen der Baustelle fährt der Bus heute eine andere Straße entlang. 4. Dank meiner Eltern, die die Reise bezahlen, kann ich nach Deutschland fahren.
5: *Zum Beispiel:* Ich bin seit 5 Monaten bei Facebook angemeldet. Ich möchte gerne mit meinen Freunden in Kontakt bleiben. Von meinen Freunden sind alle / ein paar/ fünf angemeldet. Nein, das kann ich mir nicht vorstellen. Die wohnen alle so weit weg. / Das kann ich mir vorstellen. Das ist bestimmt lustig.
6: *Zum Beispiel:* 1. Ich lese gern Zeitung, weil ich informiert sein möchte. 2. Mein Bruder sucht im Internet, wenn er Informationen braucht. 3. Meine Mutter liest manchmal eine Boulevardzeitung, wenn sie beim Arzt wartet. 4. Mein Vater liest nie Zeitung, weil er es langweilig findet.

Test: Lektion 22

1: Staub saugen, kochen, Kinder abholen, aufräumen, mit Kindern spielen
2: Frau Horst fragt Maria, wie lange sie in Deutschland bleiben möchte. …, wie sie sich das Leben hier in Deutschland vorstellt.
Frau Horst möchte wissen, ob Maria schon als Babysitter gearbeitet hat. …, ob sie Lust hat, ein ganzes Jahr bei ihnen zu wohnen. …, ob Maria einen Deutschkurs besuchen möchte.
3: *Zum Beispiel:* 1. Ich habe eine Mathelehrerin, die sehr streng ist. 2. Mein Traumhaus soll ein Haus sein, das hell und freundlich ist. 3. Familie Horst braucht ein Au-pair, das zuverlässig ist. 4. Der Austausch, der letzten Monat stattgefunden hat, war eine tolle Erfahrung. 5. Ich treffe mich morgen mit den Jugendlichen, die so gut Fußball spielen können.
4: 1. Obwohl das Wetter schlecht war, war der Urlaub in Tirol lustig. 2. Obwohl meine Wohnung klein ist, lade ich viele Leute ein. 3. Obwohl Tina einen Monat in London war, ist ihr Englisch nicht besser geworden. 4. Obwohl Lea sitzen geblieben ist, hat sie eine schöne Reise gemacht. 5. Obwohl ich kein Französisch kann, möchte ich nach Paris fahren.
5: *Zum Beispiel:* 1. Die Partnerklasse soll im Frühling zu uns kommen. 2. Die Schüler sollen eine Woche bleiben. 3. Die Austauschschüler sollen bei unseren Familien wohnen. 4. Wir können mit den Austauschschülern einen Ausflug an den See / in die Hauptstadt / zum Schloss machen.
6: 4, 6, 1, 3, 5, 2

Test: Lektion 23

1: 1. e; 2. c; 3. a; 4. b; 5. d
2: 1. Wien ist die Hauptstadt Österreichs. 2. Die bekanntesten Sehenswürdigkeiten Wiens sind der Stephansdom, Schloss Schönbrunn und der Prater. 3. Salzburg wird auch Mozartstadt genannt, weil hier der bekannte Komponist geboren wurde. 4. Salzburg ist auch für seine Festspiele bekannt. 5. Innsbruck liegt mitten in den Alpen. 6. Besonders sehenswert ist in Innsbruck die Residenz mit dem goldenen Dach.
3: 1. ich sagte; 2. wir blieben; 3. er wohnte; 4. er kam; 5. sie fuhr; 6. ihr nahmt; 7. ich gab; 8. du musstest; 9. wir schrieben; 10. sie heiratete
4: 1. war; 2. gab; 3. saß; 4. ging; 5. musste; 6. begann; 7. wohnte; 8. blieb; 9. besuchte; 10. half
5: 1. Nachdem ich das Abitur machte, schenkte mir mein Vater eine Reise nach Ägypten. 2. Bevor ich Germanistik zu studieren begann, besuchte ich einen Deutschkurs. Bevor ich fernsehen und Musik hören durfte, musste ich für die Schule lernen. Nachdem Franz Sacher einige Jahre in Budapest war, kehrte er nach Wien zurück.
6: *Zum Beispiel:* Im Schloss lebte ein junger Prinz, der Musik liebte. Er suchte eine Prinzessin. Oft lud er Gäste zu einem Konzert seiner Hofmusiker ein. Eines Tages spielte eine junge Frau Klavier, die schon in ihrer Kindheit ein musikalisches Wunderkind gewesen war. Der Prinz verliebte sich sofort in die junge Musikerin. Die junge Frau blieb am Hof, heiratete den Prinzen und spielte jeden Tag die schönste Musik auf dem Klavier.

Test: Lektion 24

1: *Zum Beispiel:* 1. Im Jahr 2030 werde ich verheiratet sein. 2. Ich werde eine Familie haben. 3. Ich werde viel Geld in meinem Beruf verdienen. 4. Ich werde ein teures Auto fahren. 5. Ich werde in New York leben.
2: 1. Strom – Mit Sonne und Wind wird sauberer Strom erzeugt. 2. Papier – Papier wird recycelt. 3. Plastikflaschen – Getränke kauft man nicht in Plastikflaschen. 4. Mülltrennung – Durch Mülltrennung kann jede Menge Müll vermieden werden. 5. Wasser – Mit Wasser sollte man sparsam umgehen.
3: 1. Der Artikel über Plastikmüll im Meer wird von dem Journalisten geschrieben. 2. Der Schüler wird von der Lehrerin abgefragt. 3. Das neue Auto wird von den Ingenieuren gebaut. 4. Viel Energie wird von den Solaranlagen erzeugt. 5. Die öffentlichen Verkehrsmittel werden oft von den Schülern benutzt.
4: 1. Ja. Ich glaube, dass die Menschen in Zukunft glücklicher sein werden. 2. Nein. Ich glaube nicht, dass es in Zukunft weniger Kriege geben wird. 3. Nein. Ich glaube nicht, dass es in Zukunft weniger Autos geben wird. 4. Ja. Ich glaube, dass wir in Zukunft mehr Freizeit haben werden. 5. Ja. Ich glaube, dass unsere Kinder im Jahr 2030 in einer friedlichen Welt leben werden.
5: *Zum Beispiel:* 1. Ich kann Strom sparen, wenn ich immer das Licht ausschalte, wenn ich aus dem Zimmer gehe. 2. Öffentliche Verkehrsmittel produzieren weniger Abgase. 3. Ich kaufe nur recyceltes Papier. Außerdem trenne ich den Müll. 4. Ich dusche nur kurz und lasse beim Zähne putzen nicht das Wasser laufen.
6: 6, 4, 3, 2, 1, 5

Test: Lektion 25

1: 1. d; 2. e; 3. a; 4. c; 5. b
2: Damenbekleidung: die Bluse, das Abendkleid, der Rock; Herrenbekleidung: der Anzug, die Krawatte, das Hemd; Sportbekleidung: das Sweatshirt, die Turnschuhe, der Jogginganzug
3: 1. Unsere Mathelehrerin ist ein autoritärer Typ. 2. Ich mag den arroganten Charakter deines Freundes nicht. 3. Mein Vater arbeitet in einem internationalen Konzern. 4. Ich treffe mich heute mit dem hübschen Mädchen aus der anderen Klasse. 5. Das ist der Brief eines sensiblen Menschen. 6. Der Rock passt gut zu dem eleganten Top. 7. Heute Abend essen wir in der neuen Pizzeria. 8. Wie soll dein idealer Partner aussehen?
4: *Zum Beispiel:* 1. Was für einen Charakter hat er? 2. Welches Mädchen magst du? 3. Was für einen Freund suchst du? 4. Welcher Junge ist dein Bruder? 5. Was für Typen sind deine Eltern?
5: 1. alternativer; 2. internationalen; 3. billigen; 4. oberflächliches
6: *Zum Beispiel:* 1. Ich treffe mich mit meinen Freunden. 2. Ich wohne mit meinen Eltern in einer Wohnung. 3. Ich fahre mit dem Fahrrad zur Schule. 4. Ich genieße ein luxuriöses Leben.

7: *Zum Beispiel:* Ich bin ein ordentlicher Typ. Außerdem denke ich, dass ich fleißig und intelligent bin. Und meine Freunde sagen, dass ich ein lustiger Typ bin.

Test: Lektion 26

1: 1. haben; 2. bekommen; 3. platzen; 4. halten; 5. in Erfüllung gehen; 6. machen

2: 1. Wenn das Wetter besser wäre, würde ich zu dir kommen. 2. Wenn ich könnte, würde ich dir helfen. 3. Wenn ich mitfahren dürfte, wäre ich nicht traurig. 4. Wenn ich nicht so viel zu tun hätte, würde ich dich anrufen. 5. Wenn ich Hausaufgaben machen würde, würde ich gute Noten bekommen.

3: 1. Wenn es nicht geregnet hätte, wäre Tobias mit dem Fahrrad gefahren. 2. Wenn die Karten nicht so teuer gewesen wären, wären wir zum Konzert gegangen. 3. Wenn das Auto nicht kaputt gewesen wäre, hätten uns meine Eltern abgeholt. 4. Wenn ich Ferien gehabt hätte, hätte ich dich in Wien besucht. 5. Wenn du Hausaufgaben gemacht hättest, wärst du besser in der Schule gewesen.

4: 1. Wovon träumst du? 2. Auf wen wartet Maria? 3. An wen denkt Oma oft? 4. Worüber denkst du nach? 5. Wovor hat deine Mutter Angst? 6. Von wem träumt Jannis? 7. Worauf freust du dich?

5: *Zum Beispiel:* Timo könnte Lara einen Liebesbrief schreiben. Timo könnte Lara ins Kino einladen. Timo könnte Lara zum Geburtstag einladen. Timo könnte mit Lara im Park spazieren gehen. Timo könnte Lara eine SMS schreiben.

6: *Zum Beispiel:* 1. Wir haben gestern Abend über meine schlechten Noten gesprochen. 2. Ich denke an meine Oma. 3. Ich ärgere mich am meisten über meinen kleinen Bruder. 4. Ich freue mich auf Weihnachten. 5. Ich habe vor meinem Mathelehrer Angst.

Test: Lektion 27

1: die Hausaufgaben; das Taschengeld; die Filme; die Freunde; das Aufräumen; die Klamotten; die Musik; die Noten

2: 1. a; 2. f; 3. b; 4. c; 5. d; 6. e

3: 1. Nein, Nina lässt sich zur Schule fahren. 2. Ja, meine Eltern lassen mich bis 22 Uhr aufbleiben. 3. Nein, mein Vater lässt mich nicht mit dem neuen Auto fahren. 4. Nein, ich lasse meine Schwester den Tisch allein abräumen.

4: 1. Das Bett steht an der Wand. 2. Der Direktor sitzt in seinem Büro und telefoniert. 3. Der Kellner stellt das Essen auf den Tisch. 4. An dieser Wand hängt ein Bild von Picasso. 5. Der Opa ist müde und legt sich auf das Sofa.

5: 1. gestellt; 2. gelegt; 3. gesessen; 4. gestellt; 5. gehangen

6: *Zum Beispiel:* 1. Ich spreche mit meinen Eltern über die Schule. 2. Ich streite mit meinen Eltern über das Taschengeld. 3. Ich komme am besten mit meiner besten Freundin aus. 4. Meine Eltern ärgern sich bei mir am meisten über meine schlechten Noten.

Test: Lektion 28

1: *Zum Beispiel:* die Schokolade, Wilhelm Tell, Genf, die Alpen, das Taschenmesser, die Franken

2: 1. Ich bin nicht eingeladen worden. 2. Ich bin noch nicht abgeholt worden. 3. Ich bin heute abgefragt worden. 4. Ich bin operiert worden. 5. Ich bin nicht gefragt worden.

3: Die Klassenfahrt nach München ist von den Schülern und Schülerinnen organisiert worden. Das Programm wurde von dem Lehrer, Herrn Wickert, zusammengestellt. Das Geld für die Bahnfahrt wurde eingesammelt und die Fahrkarten wurden vom Klassensprecher gekauft. Die Zimmer in einer Jugendherberge sind von zwei Schülerinnen reserviert worden. Die Klassenfahrt ist gestern vom Lehrerkollegium genehmigt worden.

4: 1. Die Gäste sind schon informiert worden. 2. Die Bücher sind schon zurückgebracht worden. 3. Die Qualität des Materials ist schon geprüft worden. 4. Der neue Flughafen ist schon gebaut worden.

5: 1. Ja, ich kenne welche. 2. Nein, ich kaufe keins. 3. Nein, wir haben keins mehr. 4. Da ist eins. 5. In diesem Satz sind welche.

6: 3, 2, 1, 4

7: *Zum Beispiel:* 1. Bei uns wird nicht so viel Schokolade gegessen. 2. Ich würde gerne mal nach Zürich reisen. 3. Ich finde, die Geschichte von Wilhelm Tell ist spannend. Mit gefällt sie gut. 4. Ja, in meiner Sprache gibt es Dialekte. Sie heißen … / Nein, in meiner Sprache gibt es keine Dialekte.

Tests

(Lesen, Hören, Schreiben, Sprechen)

Die folgenden Lösungen beziehen sich auf die Teile Lesen und Hören der Tests 1–4 sowie des Modelltests zum Zertifikat B1. Bei den Aufgaben Schreiben und Sprechen sind jeweils verschiedene, individuelle Lösungen möglich. Damit sich die Lernenden nicht zu stark an einer möglichen Lösung orientieren, werden hier keine Musterlösungen angegeben.

Test 1: Lektionen 21–22

Lesen: 1. c; 2. a; 3. b; 4. c
Hören: 1. c; 2. a; 3. b; 4. b; 5. c

Test 2: Lektionen 23–24

Lesen: 1. c; 2. b; 3. a
Hören: 1. Richtig; 2. a; 3. Richtig; 4. c; 5. Falsch; 6. b; 7. Falsch; 8. b; 9. Richtig; 10. a

Test 3: Lektionen 25–26

Lesen: 1. e; 2. c; 3. g; 4. i; 5. f; 6 d; 7. 0
Hören: 1. b; 2. c; 3. a; 4. b; 5. c; 6. a; 7. b

Test 4: Lektionen 27–28

Lesen: 1. Falsch; 2. Falsch; 3. Richtig; 4. Richtig; 5. Richtig; 6. Falsch
Hören: 1. Richtig; 2. Falsch; 3. Richtig; 4. Falsch; 5. Richtig; 6. Falsch

Zertifikat B1 – Modelltest

Lesen Teil 1:
1. Richtig; 2. Falsch; 3. Falsch, 4. Falsch; 5. Richtig; 6. Falsch

Lesen Teil 2:
7. c; 8. a; 9. b; 10. a; 11. c; 12. b

Lesen Teil 3:
13. c; 14. g; 15. j; 16. i; 17. f; 18. 0; 19. e

Lesen Teil 4:
20. Nein; 21. Ja; 22. Ja; 23. Nein; 24. Ja; 25. Ja; 26. Nein

Lesen Teil 5:
27. a; 28. c; 29. b; 30. a

Hören Teil 1:
1. Richtig; 2. c; 3. Falsch; 4. b; 5. Falsch; 6. a; 7. Falsch; 8. b; 9. Richtig; 10. c

Hören Teil 2:
11. c; 12. b; 13. a; 14. b; 15. a

Hören Teil 3:
16. Richtig; 17. Falsch; 18. Richtig; 19. Falsch; 20. Falsch; 21. Richtig, 22. Falsch

Hören Teil 4:
23. a; 24. b; 25. b; 26. a; 27. a; 28. c; 29. b; 30. c

Transkription der Hörtexte

▶ 1

Test 1: Lektionen 21 und 22, Hören

In deiner Schule hörst du einen Vortrag zum Thema „Ist Internet eine Droge?"

Rainer Kunz: Hallo und einen schönen guten Morgen! Mein Name ist Rainer Kunz, ich bin Dozent für Soziologie und Verhaltensforschung an der Humboldt Universität in Berlin. Es freut mich sehr, dass ich von eurer Klasse eingeladen wurde! Euer Wunsch war, dass wir uns heute mit dem Thema „Ist Internet eine Droge?" beschäftigen. Oder anders formuliert: Macht Internet krank? Ich finde es toll, dass ihr euch mit solchen Fragen auseinandersetzt und bin gespannt auf die anschließende Diskussion.
Viele von euch verbringen sicherlich einige Zeit vor dem Computer und im Internet. Es ist heutzutage nichts Außergewöhnliches, doch übermäßiges Surfen im Internet kann tatsächlich krank machen. Das haben Studien von mir und anderen Kolleginnen und Kollegen bewiesen. Wir haben auch bestimmte Symptome dieser Krankheit beobachtet: Man verliert zum Beispiel den Kontakt zur Realität und man kann nicht mehr zwischen virtueller und realer Welt unterscheiden. In diesem Stadium sprechen wir tatsächlich von Krankheit, genauer von Sucht.
Die Internetsucht ist ohne Zweifel ein gesellschaftliches Problem. Auf der Suche nach einer besseren Welt verlieren sich viele Surfer im Netz. Sie begeben sich dort in eine Welt, die konfliktfrei erscheint. Es kann so weit gehen, dass daran Beziehungen, Freundschaften, Ehen und Familien zerbrechen. Ein junger Mann hat einmal zu mir gesagt: „Es ist so, als hätte ich ein zweites Ich. Das eine Ich unterhält sich mit unsichtbaren Wesen am Bildschirm, das andre Ich fragt: Was tust du da? Ich lebe fast am Rand der Schizophrenie."
Für die Internetsucht gibt es viele Motive. Sehr oft ist es Einsamkeit oder die Unfähigkeit, im realen Leben das zu erreichen, was man erreichen möchte. Das Schlimmste an der Droge Internet ist die schnelle Abkapselung, also die Distanzierung von der Außenwelt.
Die Betroffenen vernachlässigen ihre Pflichten, ihren Arbeitsplatz und geraten oft in finanzielle Schwierigkeiten.
Unserer Studie zufolge sind etwa fünf Prozent von 8000 Befragten als internetsüchtig zu bezeichnen.
Zum Schluss noch ein paar Tipps gegen die Internetsucht. Auch hier gilt: Prävention ist immer das beste Heilmittel. Man sollte es also erst gar nicht so weit kommen lassen. Wichtig ist, dass man andere Interessen hat, dass man anderen Hobbys nachgeht. Denjenigen, die in diese Sucht schon geraten sind, empfehle ich, sich an eine Selbsthilfegruppe zu wenden. In Berlin haben wir ein solches Projekt ins Leben gerufen, es heißt „Hilfe zur Selbsthilfe für Onlinesüchtige". Soweit mein kurzer Vortrag und nun freue ich mich auf die sicherlich spannende Diskussion mit euch!

▶ 2

Test 2: Lektionen 23 und 24, Hören

Lies nun die Aufgaben 1 und 2.
Dazu hast du 10 Sekunden Zeit.

Du hörst eine Meldung im Radio.

Die Nachrichten: Baltrum. Heute wird vor der Nordseeinsel Baltrum ein neuer Windpark eröffnet. Der Park besteht aus 80 Windrädern und wird circa 200.000 Haushalte mit Strom versorgen. Hannover…

Lies nun die Aufgaben 3 und 4.
Dazu hast du 10 Sekunden Zeit.

Du hörst den Wetterbericht im Radio.

Und nun das Wetter für Wien: Am Morgen ziehen noch Wolken über die Stadt, die sich aber im Laufe des Vormittags auflösen. Am Nachmittag können wir alle die Sonne genießen. Bei Temperaturen von 20 bis 25 Grad macht ein Spaziergang an der Donau besonders viel Spaß. Am Abend kommen allerdings Regenwolken.

In der Nacht müssen wir mit Gewitter und Regen rechnen. In den nächsten Tagen wird es dann wieder freundlicher.

Lies nun die Aufgaben 5 und 6.
Dazu hast du 10 Sekunden Zeit.

In einem Einkaufszentrum hörst du folgende Werbemeldung.

Das erste Elektroauto der Stadt ist da! Seien Sie dabei und sehen Sie sich das Modell an. Und wenn Sie möchten, können Sie den Wagen auch mal Probe fahren. Wenn Sie dazu Lust haben, rufen Sie uns an. Eine Stunde Elektroauto fahren, kostet 40 Euro. Also trauen Sie sich!

Lies nun die Aufgaben 7 und 8.
Dazu hast du 10 Sekunden Zeit.

Du hörst eine Nachricht auf dem Anrufbeantworter.

Hallo Ben, hier ist Leonie. Tom hat gerade angerufen und gesagt, dass er heute doch nicht mit ins Kino kommt. Was ist mit dir? Passt es dir heute Abend oder sollen wir es auf morgen verschieben? Der Film beginnt immer um 18:30 Uhr und läuft noch eine Woche. Die Tickets wollte Tom besorgen, aber ich kann sie auch online bestellen, das ist kein Problem. Okay, sag mir bitte möglichst bald Bescheid, ich bin auf dem Handy erreichbar. Ciao!

Lies nun die Aufgaben 9 und 10.
Dazu hast du 10 Sekunden Zeit.

Du hörst eine Meldung im Radio.

Sensationsfund in Wien. Bei Renovierungsarbeiten im Schloss Schönbrunn wurden Tagebücher gefunden. Experten gehen davon aus, dass die Tagebücher Kaiserin Elisabeth von Österreich gehören. Im Moment werden die Schriften ausgewertet und geprüft. Mit Spannung werden Aussagen zum Inhalt der Tagebücher erwartet. Müssen die Sisi-Filme vielleicht neu gedreht werden?

▶ 3

Test 3: Lektionen 25 und 26, Hören

Der Moderator einer Radiosendung für Jugendliche diskutiert mit der Schülerin Laura und dem Schüler Elias über das Thema Berufswahl.

Moderator: Guten Morgen an alle, die uns gerade zuhören. Wir haben heute Laura und Elias zu uns ins Studio eingeladen und ich möchte mich mit ihnen über das sicherlich spannende Thema Berufswahl unterhalten. Hallo Laura, hallo Elias! Ihr seid beide Gymnasiasten, richtig?

Laura: Ja, ich besuche ein Gymnasium in Berlin Schöneberg und bin 16 Jahre alt.

Elias: Hallo, mein Name ist Elias Lang, ich bin 17 Jahre alt und gehe auf ein Gymnasium in Potsdam.

Moderator: Als ich in eurem Alter war, wollte ich Astronaut werden. Das war lange Zeit mein Traumberuf. Na ja, ihr seht, was aus mir geworden ist! Haben Schülerinnen und Schüler heutzutage auch noch solche Träume? Was ist denn euer Traumberuf?

Laura: Hm, schwer zu sagen. Man hat andere Träume mit sechs Jahren, zwölf oder eben sechzehn Jahren. Das ändert sich immer. Früher wollte ich Sängerin werden, dann Lehrerin. Aber ich glaube, im Moment ist mein Traumberuf Krankenschwester oder noch besser Ärztin. Ja, eine Stelle in einem Krankenhaus oder einer Klinik, das wäre mein Traum.

Elias: Ich muss da gar nicht lange darüber nachdenken. Für mich war es eigentlich immer klar – ich habe mich schon als kleines Kind für Computerspiele interessiert und mit 14 mein erstes kleines Programm geschrieben. Ich möchte also mein Hobby zu meinem Beruf machen. Das wäre mein absoluter Traum!

Moderator: Ich könnte sagen: Mein Beruf ist zu meinem Hobby geworden! Manchmal sind aber die Berufswünsche und Träume recht unrealistisch. Das führt dann zu Enttäuschungen, wenn sie nicht verwirklicht werden können. Wie sieht denn nun die Realität für euch aus?

Laura: Na ja, die ist natürlich ein bisschen komplizierter. Bei uns auf dem Gymnasium sind die meisten Schülerinnen und Schüler sehr leistungsorientiert. Viele wollen später Karriere machen und die meisten sind auch richtig gut! Da ist es nicht einfach, sich durchzusetzen. Es heißt also viel lernen, gute Noten haben und vielseitig interessiert sein.

Elias: Ja, das stimmt, wenn man wirklich was erreichen will, dann muss man sich echt anstrengen. Deswegen möchte ich nach dem Abitur erst einmal in die USA gehen und dort mindestens ein Jahr studieren, die Sprache lernen und Erfahrungen sammeln. Es ist doch klar: Ohne Fremdsprachen, vor allem eben ohne Englisch, geht ja heutzutage gar nichts. Natürlich möchte ich auch ein wenig herumreisen, um die Kultur und das Land dort kennen zu lernen. Und wer weiß, vielleicht auch erste berufliche Kontakte knüpfen.

Moderator: Das klingt überzeugend! Ich finde, für euer Alter habt ihr richtig klare Vorstellungen, was ihr erreichen möchtet. Meine Erfahrung mit Jugendlichen ist die, dass kaum jemand eine Alternativ-Lösung, also einen Plan B hat, für den Fall, dass nicht alles so klappt, wie man es sich wünscht. Wenn es um die Zukunft geht, setzen die meisten alles auf eine Karte und sind dann böse überrascht, wenn es ganz anders kommt. Habt ihr auch an so etwas gedacht?

Laura: Oh, das wäre nicht so schön! Aber mein Vater hätte bestimmt auch nichts dagegen, wenn ich später in der Wirtschaft arbeiten würde. Ich glaube, ich könnte mir auch vorstellen, BWL, also Betriebswirtschaft, oder Volkswirtschaft, zu studieren. Verbunden mit guten Sprachkenntnissen könnte ich auch in dieser Branche gute Arbeitschancen haben. Das macht mir keine Sorgen.

Elias: Ich möchte nichts anderes studieren! Aber das Fach Informatik, das ich ja studieren möchte, ist schon sehr schwer, klar. Von einem Freund, der Informatik studiert, weiß ich, dass viele schon nach einem oder zwei Semestern das Studium aufgeben. Aber ich bin auf jeden Fall hochmotiviert! Ich schaffe es, da bin ich mir sicher.

Moderator: Ja und dafür wünsche ich euch natürlich nur das Beste! Bestimmt klappt alles. Vielen Dank für euren Besuch hier bei uns im Studio und nun möchte ich noch unsere nächste Sendung ankündigen, die sich mit den Studienmöglichkeiten …

▶ 4

Test 4: Lektionen 27 und 28, Hören

Im Bus hörst du ein Gespräch zwischen zwei Freundinnen, Hanna und Nele.

Hanna: Hallo Nele! Lange nicht gesehen. Na, war's heute spannend in der Schule?

Nele: Hi Hanna! Ja, klar, total. Vor allem Mathe!

Hanna: Na, das kann ich mir gut vorstellen. Bei uns gab's gestern auch richtig Ärger, eben wegen Mathe. Mein Vater hat sich wieder aufgeregt, weil er meint, meine Schulleistungen seien schlechter geworden. In der letzten Zeit haben wir echt viel Streit. Irgendwie komisch, denn wir sind eigentlich eine harmonische Familie und ich komme mit meinen Eltern gut aus.

Nele: Hm, das war bei uns früher auch so. Mein Vater war immer unzufrieden mit mir. Allerdings war er auch selten zu Hause. Seitdem meine Mutter und mein Vater geschieden sind, ist es ruhiger geworden. Zu meiner Mutter habe ich ein sehr gutes Verhältnis. Wenn ich Probleme habe, weiß ich, dass sie für mich da ist und mir hilft. Wie halten zusammen!

Hanna: Siehst du deinen Vater eigentlich noch oft?

Nele: Na ja, ab und zu schon mal, aber ich habe keine besonders gute Beziehung zu ihm. Manchmal unternehmen wir was gemeinsam, zum Beispiel waren wir neulich shoppen und sogar im Kino … aber jetzt hat er eine neue Freundin und die mag ich überhaupt nicht.

Hanna: Ja, das muss seltsam sein, der eigene Vater mit einer anderen Frau … Kennst du Patrick? Der lebt mit seiner Mutter, ihrem Freund und dessen Tochter Klara zusammen. Ich dachte erstmal, wow, das ist modern! Aber Patrick kann nicht akzeptieren, dass der Freund seiner Mutter sich so verhält, als wäre er sein

Vater. Manchmal verbietet er ihm auch etwas und das gefällt Patrick natürlich überhaupt nicht.

Nele: Schrecklich, ja! Ich glaube, Patrick kenne ich. Das ist doch der sportliche Typ, sehr aktiv und immer unterwegs. Ich sehe ihn oft bei uns im Park joggen. Hat er sich letztes Jahr nicht ein Bein beim Skifahren gebrochen?

Hanna: Ja, das ist er. Oh, Nele, ich muss aussteigen. Wir sehen uns nächste Woche wieder. Oder ruf mich einfach mal an! Vielleicht können wir zusammen was unternehmen!

Nele: Alles klar, mache ich! Tschüss und bis bald!

Hanna: Ciao! Mach's gut!

Zertifikat B1 Modul Hören, Modelltest

▶ 5

Hören Teil 1

Du hörst nun fünf kurze Texte. Du hörst jeden Text zweimal. Zu jedem Text löse zwei Aufgaben. Wähle bei jeder Aufgabe die richtige Lösung.
Lies zuerst das Beispiel.
Dazu hast du 10 Sekunden Zeit.

Du hörst eine Nachricht auf dem Anrufbeantworter.

Hallo Lena, hier ist Moni. Du warst heute nicht in der Schule. Bist du krank? Ich würde heute Nachmittag bei dir vorbeikommen, geht das oder passt es nicht? Und ich wollte dir noch sagen, dass wir für die nächste Bio-Stunde einen Text über das Herz und seine Funktionen lesen sollen. Die Kopie kann ich dir mitbringen. Die anderen Hausaufgaben sage ich dir dann, wenn ich bei dir bin, aber sie sind nicht so wichtig. Also dann gute Besserung und melde dich. Bis später.

Lies nun die Aufgaben 1 und 2.
Dazu hast du 10 Sekunden Zeit.

Du hörst im Radio eine Verkehrsmeldung.

Und nun die aktuelle Verkehrslage: Schneefälle im Süden sowie spiegelglatte Fahrbahnen verursachen immer wieder Unfälle. Auf der A9 Richtung Nürnberg ist bei Ingolstadt auf Grund eines Unfalls nur eine von drei Fahrspuren befahrbar. Es hat sich inzwischen ein 3 km langer Stau gebildet. Die A5 von Basel in Richtung Karlsruhe ist ebenfalls wegen eines Unfalls zwischen Lahr und Offenburg gesperrt. Der Verkehr wird umgeleitet.

Du hörst jetzt den Text noch einmal.

(Text der Nachricht 1)

Lies nun die Aufgaben 3 und 4.
Dazu hast du 10 Sekunden Zeit.

Du hörst folgende Informationen.

Pizza-Kurier, guten Tag, alle Leitungen sind momentan besetzt. Bitte warten Sie. Pizza- Kurier, wir liefern Ihnen täglich von 11 Uhr bis Mitternacht die besten Pizzen der Stadt direkt ins Haus. Einfach anrufen, und innerhalb von 30 Minuten erhalten Sie Ihre gewünschte Pizza, noch ofenfrisch! Und natürlich bezahlen Sie für diesen Service keinen Cent mehr. Nach sechs Bestellungen erhalten Sie dann eine Pizza gratis. (...) Pizza-Kurier, guten Tag, Rita ist mein Name. Sie wünschen?

Du hörst jetzt den Text noch einmal.

(Text der Nachricht 2)

Lies nun die Aufgaben 5 und 6.
Dazu hast du 10 Sekunden Zeit.

Du hörst eine Wegbeschreibung.

Und jetzt, pass bitte genau auf! Ich erkläre dir, wie du zu mir kommst. Am Bahnhof nimmst du die U-Bahn 4 Richtung Arabellapark und steigst dann am Max-Weber-Platz aus. Das sind nur vier Stationen. Wenn du aussteigst, gehst du nach links zum Ausgang. Du nimmst die Rolltreppe und oben gehst du wieder nach links. Du kommst so in die Einsteinstraße. Du gehst immer geradeaus bis zur ersten Ampel. Da biegst du nach rechts ein, in die Strauss-Straße. Die zweite Straße links ist die Bülowstraße. Da wohne ich, Hausnummer 42, genau gegenüber dem Restaurant „Capri" ...

Du hörst jetzt den Text noch einmal.

(Text der Nachricht 3)

Lies nun die Aufgaben 7 und 8.
Dazu hast du 10 Sekunden Zeit.

Du hörst in der U-Bahn eine Durchsage.

Achtung, geehrte Fahrgäste, eine wichtige Durchsage. Wegen technischer Probleme fährt dieser Zug nicht bis zur Endstation Olympiazentrum, sondern endet am Scheidplatz. Dort haben Sie die Möglichkeit, entweder mit der U-Bahn-Linie 3 oder mit dem Bus Nummer 24 bis zum Olympiazentrum weiterzufahren. Die Haltestelle liegt direkt am U-Bahn-Ausgang. Ich wiederhole: Dieser Zug fährt nicht bis zum Olympiazentrum, sondern er endet am Scheidplatz. Bitte, alle umsteigen.

Du hörst jetzt den Text noch einmal.

(Text der Nachricht 4)

Lies nun die Aufgaben 9 und 10.
Dazu hast du 10 Sekunden Zeit.

Du hörst im Radio den Wetterbericht.

Und nun das Wetter. Die Prognose für morgen, Mittwoch, den 12. September: Es bleibt bewölkt. In Bayern und Baden-Württemberg regnet es den ganzen Tag. In Mitteldeutschland bleibt es wolkig, ab und zu scheint aber im Laufe des Tages die Sonne. Im Norden verbreitet sonniges und trockenes Wetter. Es ist für die Jahreszeit zu kühl. Die Höchsttemperaturen liegen zwischen 13 Grad auf der Insel Rügen und 18 Grad am Rhein.

Du hörst jetzt den Text noch einmal.

(Text der Nachricht 5)

▶ 6

Hören Teil 2

Du hörst nun einen Text. Du hörst den Text einmal.
Dazu löse fünf Aufgaben.
Wähle bei jeder Aufgabe die richtige Lösung a, b oder c.
Lies jetzt die Aufgaben 11 bis 15.
Dazu hast du 60 Sekunden Zeit.

Du nimmst mit deiner Klasse an einem Kletterabenteuer im Hochseilgarten teil und hörst die Einweisung des Outdoor-Trainers.

Klaus Hintermann: Hallo, ich freue mich, dass ich euch heute hier in unserem Hochseilgarten begrüßen darf. Mein Name ist Klaus Hintermann, ich bin ausgebildeter Outdoor-Trainer und begleite euch mit weiteren Trainern bei eurem Kletterabenteuer. Zuerst gebe ich euch eine kleine Einführung und danach könnt ihr losklettern.

Das Wichtigste ist die Sicherheit! Ihr bekommt alle einen Klettergurt und Handschuhe. Und bei uns müsst ihr auch einen Helm tragen.

Ich sehe, dass ihr alle sportliche Kleidung anhabt, das ist gut. Die Schuhe müssen geschlossen und fest sein – das ist, wie ich sehe, auch kein Problem. Ich möchte euch darauf aufmerksam machen, dass eure Kleidung unter Umständen auch schmutzig werden oder zerreißen kann. Aber das passiert nur selten. Lange Haare müssen mit einem Haargummi zusammengebunden werden. Ah, ich muss euch auch bitten, Ohrringe, Ohrstecker und Piercings abzulegen. Uhren, Ringe, Ketten und Armreifen müssen aus Sicherheitsgründen ebenfalls abgelegt werden.

Jeder, der bei uns klettert, muss einen Klettergurt tragen. Egal ob Profi oder Anfänger. Der Gurt besteht aus einem Brustgurt und einem Hüftgurt. Das Anlegen des Gurtes ist recht einfach. Das trainieren wir anschließend an unserer Übungsstation am Boden. Hier am Ende habt ihr zwei Karabiner. Wichtig ist, dass ihr immer mit beiden Karabinern eingehängt bleibt.

In Fünfergruppen klettert ihr bis auf 15 Meter hoch. Ihr werdet dabei immer von einem Gruppen-Trainer begleitet. Wir haben hier fünf sogenannte Parcours in unterschiedlichen Schwierigkeitsgraden. Jeder Parcours hat eine andere Farbe. Wir klettern heute nur den gelben, blauen und roten Parcours. Der braune und der schwarze sind die schwierigsten, also nur für erfahrene Kletterer geeignet.

Natürlich kann es passieren, dass ihr plötzlich nicht mehr weiterkommt. Falls ihr Unterstützung und Hilfe braucht, ist euer Trainer schnell bei euch und hilft euch weiter. Wenn es gar nicht mehr weitergeht, bringt euch der Trainer sicher zu Boden.

Das Ziel eures Abenteuers ist es, die eigenen Grenzen zu erfahren und Angst zu überwinden. Dabei müsst ihr Strategien entwickeln, wie ihr am besten die Parcours und alle Hindernisse bewältigt. Es ist eine Herausforderung, aber es macht Spaß und ihr lernt, im Team zu arbeiten und euch gemeinsam zu unterstützen.

Jetzt gehen wir zusammen zu unserer Übungsstation und dann heißt es: Helme auf, Gurte anlegen ... und auf geht's in die Höhe!

▶ 7

Hören Teil 3

Du hörst nun ein Gespräch. Du hörst das Gespräch einmal. Dazu löse sieben Aufgaben. Wähle: Sind die Aussagen richtig oder falsch? Lies jetzt die Aufgaben 16 bis 22. Dazu hast du 60 Sekunden Zeit.

Du sitzt in der Schulmensa und hörst, wie sich zwei Schüler, Paul und Julian, über ihre Reisepläne im Sommer unterhalten.

Paul: Hey Julian.

Julian: Hallo Paul. Lass es dir schmecken. Alles klar bei dir?

Paul: Ja, danke. Alles bestens. Meine Noten sehen gut aus und ich freue mich schon wahnsinnig auf den Sommer und die Ferien. Der Winter war dieses Jahr irgendwie zu lang, dieses nasskalte, ungemütliche Wetter – nee, das ist nichts für mich.

Julian: Ich bin gespannt, wo ich dieses Jahr die Sommerferien verbringe. Im Moment habe ich noch keine Pläne und eigentlich auch noch keinen Kopf dafür. Ich bin noch zu sehr mit der Schule beschäftigt. Ich weiß nicht warum, aber in Mathe und Geschichte sieht es bei mir nicht besonders gut aus. Ich muss richtig Gas geben, sonst ist mein Zeugnis eine Katastrophe.

Paul: Hm, das klingt nach Stress. Wir planen zu dritt eine Reise nach Korsika. Es gibt dort tolle Strände und das Meer sieht traumhaft aus, aber wir wollen vor allem wandern. Hast du von der Wanderstrecke GR 21 gehört? Das ist der bekannteste Wanderweg, der in etwa zwanzig Etappen über die Berge von ganz Korsika führt und landschaftlich echt super sein soll!

Julian: Wow, das hört sich toll an! Und mit wem bist du unterwegs?

Paul: Du kennst doch Michael und Fabian aus der Parallelklasse, oder? Wir haben letztes Jahr unsere erste kleine Tour in den Alpen gemacht. Das war auch ein richtiges Abenteuer, aber dieses Jahr soll es eben noch weiter gehen, noch abenteuerlicher sein. Ich meine, Korsika ist zwar keine menschenleere Wildnis, aber die Tour kann schon schön anstrengend werden.

Julian: Hm, interessant. Und wo übernachtet man auf so einer Tour? Im Zelt oder gibt es dort auch Hütten?

Paul: Es ist unterschiedlich. Wir werden ein Zelt dabeihaben und Schlafsäcke, aber man kann auch in Hütten schlafen. Doch die sind meistens bereits vor der Saison ausgebucht. Aber zelten ist kein Problem. Es gibt genügend Biwak- oder Zeltplätze neben den Hütten.

Julian: Tja, ich bin wahrscheinlich mit meinen Eltern an der Ostsee, wie jedes Jahr. Wir haben dort einen Bungalow auf Rügen angemietet. Ist ganz nett, aber von einem Abenteuer kann keine Rede sein.

Paul: Bist du schon mal gewandert? Also nicht nur so ein Sonntagsspaziergang, sondern eine richtige Bergtour oder was Ähnliches?

Julian: Ja, also eine mehrtägige Bergtour noch nicht, aber klar, gezeltet habe ich schon und du weißt ja, ich gehe regelmäßig in der Halle klettern.

Paul: Also, wenn du möchtest, könnte ich Michael und Fabian fragen, ob es für sie okay wäre, dass du eventuell mitkommst. Vorausgesetzt natürlich, dass du überhaupt mitkommen möchtest.

Julian: Ja, das wäre genial! Vorher müsste ich mit meinen Eltern darüber sprechen, ob sie es mir erlauben würden, aber ich bin ja schließlich bald siebzehn.

Paul: Gut, dann lass uns mal nächste Woche telefonieren. Wenn du mitkommen darfst und Michael und Fabian nichts dagegen haben, treffen wir uns bei mir zu Hause und können alle Details besprechen.

Julian: Klasse! Mensch, das wäre ja mein Traum, an so einer Tour teilzunehmen. Ich melde mich bald bei dir und sage dir Bescheid, wie es aussieht. Bis dann!

Paul: Ja, mach's gut. Tschüss.

▶ 8

Hören Teil 4

Du hörst nun eine Diskussion. Du hörst die Diskussion zweimal. Dazu löse acht Aufgaben. Ordne die Aussagen zu: Wer sagt was? Lies jetzt die Aussagen 23 bis 30. Dazu hast du 60 Sekunden Zeit.

Der Moderator der Sendung „Was uns bewegt" diskutiert mit der Hauptschulschülerin Lea und dem Hauptschulschüler Kevin über das Thema „Gewalt in der Schule".

Moderator: Guten Morgen und herzlich willkommen zu unserer Sendung „Was uns bewegt". Ich begrüße heute Lea und Kevin in unserer Sendung. Sie besuchen beide verschiedene Hauptschulen in Köln.
In letzter Zeit hört man, dass an vielen Schulen die Gewalt unter den Schülern und die Aggressivität gegenüber den Lehrkräften zugenommen haben. Über dieses Thema wollen wir heute gemeinsam diskutieren. Hallo, Lea. Hallo, Kevin.

Lea: Hallo.

Kevin: Hi.

Moderator: Immer wieder wird in den Medien über respektloses oder auch gewalttätiges Verhalten von Schülern berichtet. Wie sind denn eure Erfahrungen?

Lea: Bei uns in der Schule hat es in den letzten vier Monaten einige Schlägereien auf dem Schulhof gegeben. Drei Schüler sind sogar im Krankenhaus gelandet. Die Polizei war da, und die Presse hat darüber sehr ausführlich berichtet.

Moderator: Davon habe ich gehört, das war schrecklich, ja. Gibt es auch Gewalt, die sich direkt gegen Lehrer und Lehrerinnen richtet? Manche Lehrkräfte sollen Angst haben, in bestimmten Klassen zu unterrichten.

Kevin: Na ja, es stimmt schon, dass die Stimmung zwischen den Lehrern und den Schülern manchmal sehr angespannt ist. An unserer Schule gibt es ein paar Jungs, die echt aggressiv sind. Da reicht eine Kleinigkeit als Grund – und es kann schnell in einer Prügelei enden. Aber offene Gewalt gegenüber Lehrern habe ich noch nie erlebt.

Lea: Ich auch nicht. Allerdings habe ich die Erfahrung gemacht, dass sich einige ältere Lehrkräfte und manche unerfahrene Referendare nicht durchsetzen können. Letzte Woche musste z. B. eine Lehrerin während des Unterrichts eine Klasse verlassen, weil sich die Schüler geweigert haben, mitzumachen. Sie haben sich einfach auf die Tische gesetzt, Musik gehört, laut miteinander geredet, keiner hat zugehört … bis die Lehrerin es nicht mehr ausgehalten hat und weinend aus dem Klassenraum gerannt ist.

Moderator: Und was ist danach passiert? Wie wird an eurer Schule mit solchen Problemen umgegangen? Ich habe gehört, dass es an einigen Schulen Verträge zwischen den Schülern und den Lehrkräften gibt. Damit werden Regeln vereinbart, die das gemeinsame Miteinander an den Schulen klären sollen. Gibt es das an eurer Schule?

Lea: Also, ich kenne so etwas nicht. Bei uns gibt es keine generelle Strategie. In diesem Fall ist sofort die Direktorin in die Klasse gegangen, sie hat mit den Schülern gesprochen und ihnen klar gemacht, dass so ein Verhalten für sie Konsequenzen haben könnte.

Kevin: An unserer Schule wird so etwas sofort als Mobbing wahrgenommen und die Mobbingbeauftragten kümmern sich darum. Das hat bis jetzt sehr gut funktioniert.

Moderator: Was sind denn eurer Meinung nach die Gründe für respektloses Schülerverhalten? Ist es der familiäre Hintergrund, die soziale Herkunft der Schülerinnen und Schüler oder sind es kulturelle Unterschiede? In einer Statistik habe ich gelesen, dass etwa 70 % der Lehrkräfte sich darüber beklagen, dass die Erziehung von Kindern und Jugendlichen nicht mehr so gut ist, wie früher.

Kevin: Ich denke, dass bei vielen der familiäre Hintergrund schon eine wichtige Rolle spielt. Manche Jungen erfahren zu Hause, wie gewalttätig der Vater oder der ältere Bruder ist und sie ahmen dieses Verhalten nach.

Lea: Ich glaube, viele Mädchen und Jungen sind auch frustriert. Sie haben keine guten Noten, haben keine Lust etwas zu lernen, sind unmotiviert. Und gleichzeitig meinen sie, dass die Schule ihnen keine Perspektive bietet. Sie glauben, dass sie nach der Schule sowieso keine Stelle finden werden, egal ob sie den Hauptschulabschluss schaffen oder nicht. Sie haben Schwierigkeiten mit dem Schulalltag und das zeigt sich unter anderem auch in ihrem aggressiven Verhalten.

Moderator: Ja, das ist eine schwierige Situation. Aber inzwischen ist es doch so, dass viele Betriebe und Unternehmen wieder Auszubildende suchen, vor allem im Handwerk.

Kevin: Ja, vor allem in der Gastronomie und in vielen Restaurantbetrieben gibt es viele unbesetzte Ausbildungsplätze oder in Berufen wie Klempner, Bäcker oder Fleischer werden Auszubildende gesucht. Die meisten meiner Freunde wollen aber einen interessanteren oder cooleren Beruf ausüben.

Lea: Und vor allem gut verdienen.

Moderator: Lasst uns abschließend noch mal auf die Frage nach der Gewalt in den Schulen zurückkommen. Ich habe oft das Gefühl, dass die öffentliche Diskussion und die Medien uns suggerieren wollen, dass die Gewalt an den Schulen zunimmt. Es gibt aber keine wissenschaftlichen Studien, die das belegen würden. Ich denke, es ist gefährlich und falsch, brutale Einzelfälle zu verallgemeinern.

Kevin: Ich würde sagen, das was zugenommen hat, ist die verbale, also die sprachliche Form der Gewalt. Das erlebt man schon sehr oft: Man wird beleidigt oder beschimpft. Aber sonst kann ich nicht bestätigen, dass Gewalt zunimmt.

Lea: Ja, da muss ich Kevin zustimmen. Und von meinen Freunden, die andere Schulen besuchen als ich, weiß ich, dass eben nicht nur meine Schule sehr aktiv gegen Gewalt vorgeht.

Moderator: An dieser Stelle müssen wir uns leider von unseren heutigen Gästen im Studio verabschieden. Unsere Sendezeit ist um. Vielen Dank an Lea und Kevin, es war ein sehr interessantes und informatives Gespräch!

Bildquellen

31.1 Fotolia.com (Eléonore H), New York; **31.2** Thinkstock (lolostock), München; **35.1** Thinkstock (elilena), München; **35.2** Thinkstock (monkeybusinessimages), München; **58.1** Thinkstock (cynoclub), München; **58.2** Shutterstock (S-F), New York; **59.1** Thinkstock (Dutko), München; **59.2** Fotolia.com (designer_things), New York

Magnet neu B1, Testheft, Audio-CD

Titel		Länge
1	Test 1, Lektionen 21 und 22, Hören	4:01
2	Test 2, Lektionen 23 und 24, Hören	4:13
3	Test 3, Lektionen 25 und 26, Hören	4:22
4	Test 4, Lektionen 27 und 28, Hören	2:39
5	Zertifikat B1 Modul Hören. Teil 1	9:32
6	Zertifikat B1 Modul Hören. Teil 2	4:37
7	Zertifikat B1 Modul Hören. Teil 3	4:53
8	Zertifikat B1 Modul Hören. Teil 4	7:16
	gesamt:	41:38

Audio-CD Impressum

Sprecher: Jonas Bolle, Kim Engelhardt, Godje Hansen, Stefan Moos, Jenny Ulbricht, Kaspar Wachinger, Johannes Wördemann u. a.
Tontechnik: Michael Vermathen
Produktion: Bauer Studios GmbH, Ludwigsburg
Presswerk: optimal media GmbH, Röbel/Müritz

© und ℗ Ernst Klett Sprachen GmbH, Stuttgart 2016